Liebe Leserin, lieber Leser

Geht es Ihnen auch so? Je älter ich werde, desto stärker wirkt sich das Wetter auf meine Stimmung aus. Gerade jetzt, während ich diese Zeilen schreibe, erlebt Hamburg die vierte Woche fast ununterbrochen mit Sonnenschein, und das in dieser wahrlich nicht klimaverwöhnten Stadt: Was für ein Geschenk!

Und weil das Wetter ein so wichtiger Faktor menschlichen Wohlbefindens ist, haben wir beschlossen, diesem Thema nach vielen Jahren wieder ein Heft zu widmen – und dabei viele grundlegende Fragen zu beantworten.

Etwa: Warum bringen Hochs Sonnenschein und Tiefs Regen? Was sind Winde, was sind Wolken? Wie formen sich gigantische Blitze und monströse Wirbelstürme?

Welche Faktoren prägen die typischen Wetterlagen eines Gebietes – etwa in Deutschland? Und welche Größen beeinflussen das lokale Wetter?

Weshalb etwa ist mancher Landstrich fast das ganze Jahr über mit eher heiterem Wetter gesegnet, während nicht weit davon entfernt auch im Sommer Regen die Tage bestimmt?

Um Antworten auf diese Fragen zu finden, haben Wissenschaftler Zehntausende Messstationen über die Welt verteilt und analysieren Daten von Meeresbojen sowie Weltraumsatelliten. Und doch ist das Wetter noch immer vor allem eines: rätselhaft. Von einer Minute auf die nächste kann es umschlagen in Gewitter, Hagel oder Sturm. Es kann ersehnten Regen bringen und unerträgliche Hitze, es kann Ernten vernichten und Urlaubsträume platzen lassen.

In dieser Ausgabe erklären Forscher, wie sie dem Wetter auf die Spur kommen – und weshalb der Klimawandel dieses System aus Sonne, Wind und Regen verändert. Denn die menschengemachte Erderwärmung und ihre Folgen sind das zweite große Thema des Heftes.

Dieser Ausgabe liegt ein Lesezeichen mit den wichtigsten meteorologischen Fachbegriffen bei

Das Klima auf unserem Planeten hat sich im Lauf seiner Geschichte immer wieder verändert – doch das hatte natürliche Ursachen. Ist heute aber vom Klimawandel (und der damit verbundenen Erderwärmung) die Rede, sind durch den Menschen verursachte Veränderungen gemeint – vor allem durch den Ausstoß von Treibhausgasen, etwa bei der Verbrennung von Erdölprodukten.

Alle seriösen Wissenschaftler sind sich darin einig, dass die Erwärmung der Erde gestoppt werden muss, vor allem durch die Reduktion des Ausstoßes von Klimagasen. Darüber hinaus aber versuchen viele Forscher, neue Wege zu finden, wie sich unser überhitzter Heimatplanet möglicherweise kühlen ließe.

Sie planen, Kohlendioxid aus der Luft zu filtern und es in unterirdische Kavernen zu pumpen. Sie erwägen, Eisen ins Meer zu kippen, damit Algen wachsen, die der Luft das Treibhausgas entziehen. Sie untersuchen, ob sich manche Wolken auflösen lassen, damit mehr Wärme ins All entweichen kann.

Andere wollen Sonnenlicht von der Erde fernhalten. So sollen Städte flächendeckend mit reflektierender Farbe gestrichen werden – und Militärflugzeuge hoch oben in der Atmosphäre Substanzen versprühen, die die Strahlung des Zentralgestirns zurückwerfen. Und es soll sogar ein gigantischer Sonnenschirm über der Erde im Weltall aufgespannt werden.

Doch was darf man sich von solchen Methoden erhoffen? Sollte der Mensch derart massiv in das Klima eingreifen? Und sind die Folgen überhaupt abzusehen?

Davon, und von vielen anderen Aspekten des Wetter- und Klimageschehens, erzählen wir in diesem Heft. Und wünschen uns allen: einen grandiosen Sommer.

Herzlich Ihr

[Unterschrift: Michael Schaper]

Weitere Hefte aus der GEO WISSEN-Gruppe, die aktuell am Kiosk erhältlich sind

Das Wetter in Deutschland wird immer turbulenter, sagen Experten

fliegender Wasserspeicher

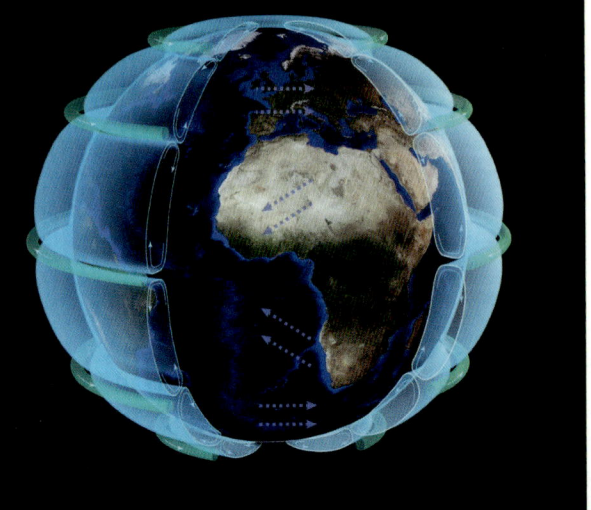

INHALT

NR 55

Alle Fakten und Daten in diesem Heft sind vom GEOkompakt-Verifikationsteam
auf Präzision, Relevanz und Richtigkeit überprüft worden. Kürzungen in Zitaten werden nicht kenntlich gemacht.
Redaktionsschluss dieser Ausgabe: 25. Mai 2018. Weitere Informationen zum Thema und Kontakt zur Redaktion:
www.geokompakt.de. Titelbild: Franz Schumann/hgm-press

WET

Gewitter, Sandstürme, Eiswolken: Die meteorologischen Bedingungen auf unserem Planeten wechseln zuweilen binnen Minuten von einem Extrem ins nächste. Indem Forscher die Atmosphäre mit hoch präzisen Messinstrumenten überwachen und erforschen, gewinnen sie ein immer genaueres Bild des Wetters und seiner faszinierenden Kraft

Von Blitz und Donner

In der Abenddämmerung türmt sich im US-Bundesstaat New Mexico eine gewaltige Gewitterwolke auf, die zu rotieren beginnt und aus der erste Blitze zucken. Derartige Wetterphänomene entstehen, wenn feuchtwarme Luft rasch nach oben steigt und sich durch ihre Abkühlung eine Quellwolke formiert, in der es zu starken Auf- und Abwinden kommt. Infolge der Turbulenzen treten große Spannungsunterschiede innerhalb der Wolke und zwischen Wolke und Erdboden auf: Diese entladen sich schließlich in Blitzkanälen, in denen dabei die Luft auf rund 30 000 Grad erhitzt. Auch wenn rund drei Viertel aller Blitze nicht den Boden erreichen, so sterben dennoch jedes Jahr weltweit mehrere Tausend Menschen durch Blitzschlag. Und doch sind Wissenschaftler davon überzeugt, dass die Riesenfunken auch schöpferische Kraft entfalten – und zum Beispiel bei der Entstehung des Lebens vor Jahrmilliarden eine wichtige Rolle spielten.

T E R S

Die Wellen **auf den Ozeanen**
speichern 100-mal mehr Energie,
als die Menschheit pro Jahr verbraucht

8

Wenn Wind
aufs Wasser bläst

Blicken wir auf das Meer, so sehen wir meist Wellen und schäumende Gischt. Die treibende Kraft dahinter ist der Wind. Er bewegt sich auf der Oberfläche des Wassers unterschiedlich schnell und verursacht schwache Druckunterschiede: Winzige Wellen entstehen, die Oberfläche wird rauer und bietet dem Wind mehr Angriffsfläche. Je höher die Wasserberge aufgeworfen werden, desto mehr Energie kann der Wind auf die Wellen übertragen — und mit ihnen ohne großen Verlust über Tausende Kilometer hinweg transportieren. Mitunter türmen sich bei heftigen Stürmen die Wogen zu wahren Giganten auf: Monsterwellen von rund 30 Meter Höhe. Welche enorme Energie solche Unwetterwellen speichern, zeigt sich etwa an der britischen Atlantikküste: Dort reißen heranrollende Wasserberge häufig große Felsen los — und schleudern sie auf 20 Meter hohe Klippen.

9

Manche **Bäume** kämmen **Wasser** aus
dem Nebel — und führen es über Zweige,
Äste und Stämme **dem Boden zu**

10

Im Nebelmeer

An diesem Novembervormittag im britischen Lake District National Park mutet es an, als würde ein wogendes Meer aus Wolken die Bäume umspülen. Vermutlich hat tags zuvor die Sonne Feuchtigkeit verdunsten lassen — über Nacht sind dann die Temperaturen gefallen, sodass nun der Wasserdampf in der Luft zu unzähligen Tröpfchen kondensiert: zu waberndem Nebel. Nicht selten löst die Wärme der Sonne im Laufe des Tages solche Schwaden wieder auf, doch Nebel hat gleichsam eine sich selbst erhaltende Wirkung: So reflektiert die weißliche schwebende Schicht bis zu 90 Prozent der Sonnenstrahlen. Wenn die Nebelbank also eine gewisse Mächtigkeit erreicht, kann sie Landschaften mitunter mehrere Tage lang verhängen.

12

Das majestätische Glimmen
entsteht durch Sonnenwinde,
die in die Atmosphäre eindringen

Das Leuchten am Himmel

Fast wie von einem anderen Stern muten die hellgrün bis rötlich leuchtenden Streifen an, die den nächtlichen Himmel über Island durchziehen. Oft kommt es an Nord- und Südpol zu jenem Phänomen, das als »Polarlicht« oder »Aurora« bezeichnet wird. Es entsteht, wenn die Teilchen des Sonnenwindes in das Magnetfeld der Erde eindringen und auf Moleküle der oberen Schichten der Atmosphäre – etwa Sauerstoff und Stickstoff – treffen. Die werden dabei zum Leuchten in verschiedenen Farben angeregt. Nordlichter treten vor allem an den Polen auf, weil der Strom des Sonnenwindes vom Erdmagnetfeld abgelenkt und zu den Polen hin beschleunigt wird – zum Glück, denn träfe der Sonnenwind direkt auf die Erde, würde die energiereiche Strahlung alles Leben auslöschen.

13

Immer wieder führen **Sandstürme** dazu,
dass das **öffentliche Leben**
in Trockengebieten zusammenbricht

14

Eine Wand aus Staub

Gewaltige Mengen an Sand und Staub kann ein Wüstensturm aufwirbeln. Da er sich aus trockenen Winden speist, bildet er häufig einen kilometerhohen Wall aus feinem Material, das in die Atemwege eindringt und die Sicht nimmt. Hier wird gerade das marokkanische Touristendorf Merzouga, erkennbar als Linie am Horizont, von Staubmassen überrollt. Häufig sind die Wüstenbewohner im Norden Afrikas, im Nahen Osten und in Mittelasien von dem Phänomen betroffen. Mitunter weht der Staub der Sahara aber auch über das Mittelmeer bis in unsere Breiten. Der Klimawandel und die intensive Landwirtschaft bewirken, dass immer mehr Böden austrocknen und erodieren. In der Folge werden Wüsten und Trockengebiete von Jahr zu Jahr größer – und mit ihnen steigt die Gefahr von Sandstürmen.

Feuriges Inferno

Der Eyjafjallajökull ist der wohl bekannteste unter den mehr als 30 aktiven Vulkanen Islands. 2010 geriet er weltweit in die Schlagzeilen, weil er gigantische Mengen Asche in die Atmosphäre schleuderte und so zeitweise den Flugverkehr in Nord- und Mitteleuropa lahmlegte. Zudem spuckte der Vulkan, dessen Magmakammer unterhalb eines Gletschers liegt, jede Sekunde mehrere Tonnen Lava aus. Die Blitze entstehen vermutlich, weil Partikel in der Aschewolke aneinanderreiben und dabei eine elektrische Spannung aufbauen, die sich in spektakulären Riesenfunken wieder entlädt. Größere Eruptionen können sogar längerfristige Folgen für das Klima haben: In der Stratosphäre reflektieren ausgestoßene Schwefeldioxidgase das Sonnenlicht – und sorgen so für Abkühlung.

Die Wucht der Eruption entfesselt extreme Energien, die sich als zuckende Blitze über dem Krater entladen

In Sibirien ist der **Klimawandel** besonders spürbar: Das Ökosystem des größten **Süßwasser-reservoirs** der Welt ist bedroht

18

Schwindendes Eis

Der Baikalsee ist einer der kältesten und mit mehr als 1500 Metern tiefsten Seen der Welt: Fast ein halbes Jahr lang ist das Gewässer zugefroren, die durchschnittliche Wassertemperatur im Uferbereich, wo sich teils bizarre Eisskulpturen aufschichten, beträgt gerade einmal sechs Grad Celsius. In den Wintermonaten können die Temperaturen auf unter minus 40 Grad Celsius fallen. Doch der frostige See ist im Wandel begriffen, denn in Sibirien schreitet die globale Erwärmung besonders rasch voran: So hat sich die Zeit der Eisbedeckung in den letzten 150 Jahren um mehr als 16 Tage verkürzt, zudem ist der Wasserspiegel auf ein sehr niedriges Niveau abgesunken. Wie in vielen anderen Gegenden der Welt — etwa an den Polen — fürchten Wissenschaftler durch den Temperaturanstieg auch hier am Baikalsee einen dramatischen Schwund der einzigartigen Tier- und Pflanzenwelt.

Mancher Tornado entsteht aus einer
gigantischen Gewitterwolke mit einer
Ausdehnung halb so groß wie Deutschland

20

Wütender Wirbelsturm

Es beginnt mit einer riesigen Wolke, aus der langsam ein deutlich sichtbarer Windrüssel gen Boden wächst. Sobald dieser den Grund erreicht, Sand, Erde und Gegenstände aufwühlt, sprechen Wissenschaftler von einem »Tornado«. Die Ungetüme bilden sich etwa im Mittleren Westen der USA oder wie hier im Bundesstaat South Dakota, wenn Kaltluft aus den Rocky Mountains auf feuchtheiße Luftmassen trifft. Die weitläufigen Ebenen dort bilden ideale Bedingungen für die Entstehung eines Tornados. Mit zuweilen mehr als 400 km/h fegt ein solches Monstrum alles in seiner Bahn hinweg. In Europa sind derart zerstörerische Windhosen seltener, da Alpen und Pyrenäen feuchtwarme Luft aus dem Mittelmeerraum daran hindern, nach Norden zu strömen.

VON WOLKEN, WIND UND REGEN

22

Uns allen ist vertraut, dass ein Hoch eher schönes Wetter verheißt, ein Tief dagegen meist trübe Tage und Regen bringt. **Doch wie kommt es eigentlich dazu?** Was sind Winde, und wie entstehen Wolken? Die fünf wichtigsten Fragen zu Wetter und Klima

TEXTE: DOMINIK BARDOW
ILLUSTRATIONEN: RINAH LANG

WAS IST WETTER?

Die Sommertage oft verregnet, die Wintertage zu warm – und immer mehr Naturkatastrophen, Wirbelstürme, Dürren, Überschwemmungen: Das Wetter scheint allerorten immer unsteter zu werden. Was hat das zu bedeuten? Gibt es kein Normalwetter mehr?

Tatsächlich existiert so etwas wie „Normalwetter" überhaupt nicht. Denn Wetter ist per se flüchtig und wandelbar, es bildet immer nur den aktuellen Zustand unserer Atmosphäre ab – und der verändert sich ständig.

Wie ein hauchdünner Schleier umhüllt die weit ins All reichende Erdatmosphäre unseren Planeten und macht das Leben, wie wir es kennen, überhaupt erst möglich. Doch nur in der untersten Schicht dieser Hülle, bis in etwa zehn Kilometer Höhe, treten jene kurzfristigen Prozesse auf, die wir als Wetter wahrnehmen: Wind, Wolken oder Niederschlag.

Der Motor hinter all diesen Erscheinungen ist die Energie der Sonne, die Land und Meere erwärmt, Luft und Wasser in Bewegung bringt.

Unsere Erde wiederum erzeugt – durch ihre Kugelform, ihre schräge Neigung, ihre ungleiche Oberfläche und ihre eigene Drehung – eine unterschiedliche Verteilung dieser Energie, die zu den jeweiligen Jahreszeiten sowie unterschiedlichen Wetterphänomenen führt, vom pazifischen Taifun bis zum Alpenföhn. Ob das Wetter an einem Ort wirklich ungewöhnlich ist, lässt sich daher erst beurteilen, wenn man es über Jahre hinweg aufzeichnet und vergleicht.

Bereits der griechische Philosoph Aristoteles beschrieb um 350 v. Chr. in seinem Werk „Meteōrologiká" anhand der vier Elemente Erde, Feuer, Wasser, Luft grundlegende Prinzipien, die das Wetter bestimmen – etwa den Wasserkreislauf aus Verdunstung, Kondensation und Niederschlag oder die Entstehung der Winde.

Doch erst seit Telegrafen Mitte des 19. Jahrhunderts Messergebnisse – etwa von Wetterstationen – schneller übermitteln können, als Wolken fliegen, sind immer differenziertere Vorhersagen möglich. Dank zunehmend präziser Datenerhebung und verbesserter Computermodelle liegen Voraussagen von Wetterdiensten für den nächsten Tag mittlerweile zu etwa 90 Prozent richtig, für die nächsten drei Tage sinkt die Quote allerdings rapide.

Längerfristige Prognosen sind dagegen bis heute meist nicht viel treffsicherer als manche Bauernregel. Wer etwa der Weisheit „Kräht der Hahn auf dem Mist, bleibt's Wetter wechselhaft, wie's ist" folgt, kann sich durchaus häufig darauf verlassen: Hühner suchen bei unbeständigem Regenwetter tatsächlich eher in den feuchten oberen Schichten eines Misthaufens nach Insekten und Würmern.

WAS IST KLIMA?

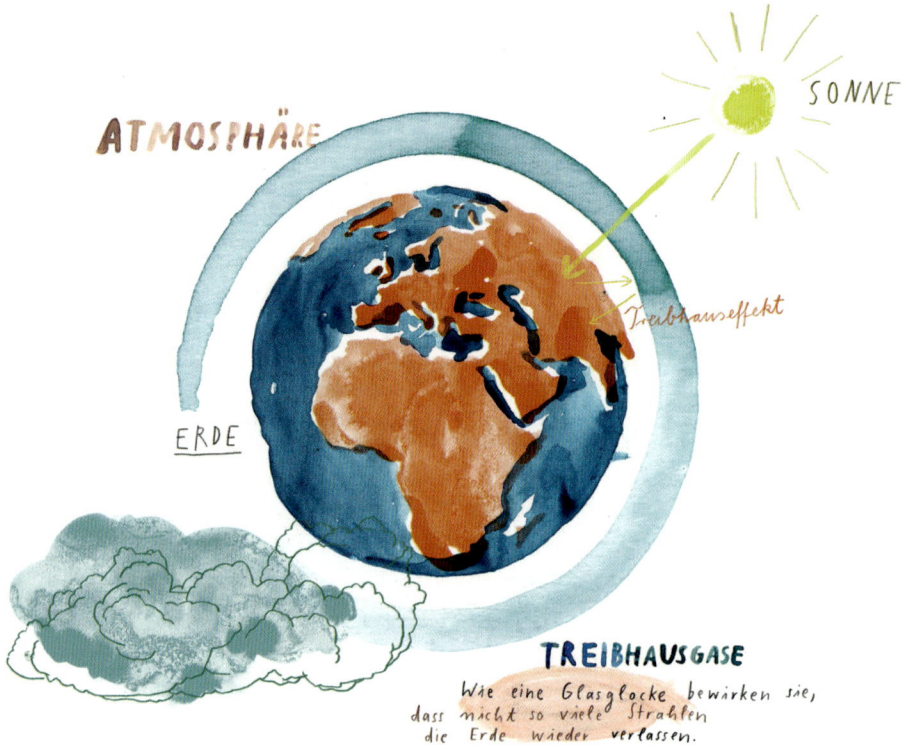

SONNE

ATMOSPHÄRE

Treibhauseffekt

ERDE

TREIBHAUSGASE
Wie eine Glasglocke bewirken sie,
dass nicht so viele Strahlen
die Erde wieder verlassen.

Berge, Wälder oder Seen haben oft verblüffenden Einfluss auf das lokale Klima

Seit jeher versuchen sich Menschen ein Bild von dem für ihre Region typischen Wetter zu machen, indem sie über Jahre Regen, Hitze oder Kälte beobachten und alle Wettererscheinungen schließlich als „Klima" zusammenfassen.

Da die Sonne als Ursprung aller atmosphärischen Erscheinungen unseren Planeten ungleichmäßig bescheint, unterscheidet sich das Klima weltweit erheblich. So sind die Gebiete in der Nähe des Äquators ganzjährig warm, die Pole, die kaum mehr Sonnenenergie erreicht, dagegen frostig kalt und erleben ausgeprägte Jahreszeiten; über Monate liegen sie völlig im Dunkeln.

Die gemäßigten Zonen dazwischen sind geprägt von den uns bekannten Jahreszeiten, die wechseln, je nachdem, wie nah oder fern der Breitengrad liegt, über dem die Sonne gerade senkrecht steht. Ein weiterer Klimafaktor sind Treibhausgase in der Atmosphäre, die wie eine Glasglocke bewirken, dass viel Strahlung die Erdoberfläche erreicht, die dort entstehende Wärme zum Teil aber nicht wieder entweichen kann. Doch auch Wasser, Winde, Wolken oder Berge beeinflussen das Klima einer Region. So heizt etwa eine warme Meeresströmung wie der Golfstrom das eigentlich kalte Klima Nordeuropas auf, und ein Bergmassiv führt als Wetterscheide zu häufigen Niederschlägen auf der einen Seite und zu trockeneren Bedingungen auf der anderen.

Um kurzfristige Schwankungen auszugleichen, betrachten Klimaforscher Zeiträume von mindestens 30 Jahren, aber blicken auch auf Jahrhunderte und Jahrtausende zurück, als es noch gar keine Wetteraufzeichnungen gab.

Über derart weit zurückreichende Epochen geben Eisbohrungen, Baumringe oder Fossilienfunde Auskunft (siehe Seite 28).

Die Unterschiede zu heute mögen gering wirken – so hat sich die globale Durchschnittstemperatur seit dem Höhepunkt der letzten Kaltzeit vor rund 21 000 Jahren bis heute nur um etwas mehr als fünf Grad Celsius erhöht.

Doch sie geben uns ein Gefühl dafür, welche extremen Auswirkungen der derzeit prognostizierte Temperaturanstieg auf das globale Klima hätte: Küsten könnten überschwemmt werden, ganze Gebiete verdorren – und damit gänzlich neue Klimazonen entstehen.

WAS IST HOCHDRUCK, WAS TIEFDRUCK?

Sie tragen Namen wie „Annelie" oder „Kyrill" und bringen Rekordhitze oder zerstörerische Stürme: Hoch- und Tiefdruckgebiete, die uns von Wetterkarten als wabernde Wirbel vertraut sind. Wir haben gelernt, dass ein Hoch zumeist schönes und ein Tief eher schlechtes Wetter verheißt. Doch dahinter verbergen sich komplexe atmosphärische Systeme.

Wie die jeweiligen Begriffe nahelegen, ist der Luftdruck in Hochdruckgebieten höher und in Tiefdruckgebieten niedriger als in der Umgebung. Dazu muss man wissen: An allen Orten auf der Erde entsteht der Luftdruck durch das Gewicht der Gasmoleküle, die sich in der Atmosphäre über dieser Stelle befinden. Wenn sich die Partikel in dieser „Luftsäule" vergleichsweise eng zusammendrängen, herrscht Hochdruck. Dort, wo relativ wenige Luftmoleküle zu finden sind, besteht dagegen ein Tiefdruck.

Ein Tiefdruckgebiet lässt sich vergleichen mit einem Staubsauger, aus dem Luft nach hinten fortgeblasen wird und deshalb neue Luft von vorn hineinströmt. So werden die Gase im Zentrum eines Tiefs nach oben gesogen, sodass am Boden von den Seiten Luft nachströmt.

Durch die Drehung der Erde geraten die Gase dann in Rotation, es entstehen Wirbel. In diesen Tiefdruckwirbeln steigt auf komplizierte Weise die warme Luft auf und kühlt dabei ab. Da sie nun weniger Feuchtigkeit speichern kann, scheidet sich schließlich Wasser ab: Wolken bilden sich, oft regnet oder schneit es dann.

In Hochdruckwirbeln sinkt die Luft dagegen ab, sie erwärmt sich und kann mehr Feuchtigkeit speichern. Wolken lösen sich auf. Die trockene, warme Luft strömt am Boden vom Zentrum fort und wird durch die Erdrotation abgelenkt.

Solche Hoch- und Tiefdruckwirbel sind die in unseren Breiten bestimmenden Wetterfaktoren und ziehen mit vorherrschenden Westwinden über Meere und Land, bringen Hitze, Kälte, Sturm. Sie bilden sich vor allem an der Polarfront, einer Art atmosphärischem Gürtel rund um den Globus, wo warme subtropische Luftmassen und polare Kaltluft aufeinandertreffen. Aufgrund ihrer meist schnellen Abfolge ist die Wetterlage in Europa generell sehr wechselhaft.

Seit 1954 verleiht das Institut für Meteorologie der Freien Universität Berlin jedem Hoch und jedem Tief einen männlichen oder weiblichen Vornamen. Wer will, kann gegen eine Gebühr den Namen bestimmen.

Viele Hochs und Tiefs entstehen in einer speziellen Zone rund um den Nordpol

25

Tiefs saugen Luft an, während Hochs sie von sich fortpressen.

WAS SIND WOLKEN?

Ob sie weißen Wattebäuschen gleich am Himmel hängen, sich zu mächtigen, schwarzen Fronten auftürmen oder als frostiger Dunst in großer Höhe schweben: Wolken bestehen aus nichts als winzigen Wassertröpfchen oder Eiskristallen, die umeinanderwirbeln und wie von Zauberhand zu fliegen scheinen.

Tatsächlich aber sind diese Wasserteilchen schlicht so klein und leicht, dass sie mit dem Aufwind emporgetragen werden. Weil sie das Sonnenlicht streuen, erscheinen uns die Wolken weiß oder grau.

Nicht zu verwechseln sind die Gebilde dagegen mit Wasserdampf, der als farbloses Gas in der Luft enthalten ist. Er entsteht beispielsweise, wenn die Sonne am Boden Wasser verdunsten lässt und der durchsichtige Dampf mit der ebenfalls erwärmten Luft aufsteigt. Dabei kühlt die Luft mit zunehmender Höhe ab und kann immer weniger Feuchtigkeit speichern. Der Wasserdampf geht nun wieder in einen flüssigen Zustand über, er kondensiert zu Tröpfchen, die in größeren Höhen auch gefrieren können.

Innerhalb einer Wolke kollidieren die winzigen Tröpfchen oder Eiskristalle ständig und vereinigen sich, sodass sie größer und schwerer werden, bis sie als Regen, Hagel oder Schnee zur Erde fallen. Häufig laden sich die Teilchen auch elektrisch auf, und die entstehende Spannung kann sich dann als Blitz entladen (siehe Seite 60).

Etwa 13 Billionen Tonnen Wasser zirkulieren in der Atmosphäre, das entspricht ungefähr dem 270-fachen Inhalt des Bodensees. Würde jedoch nicht immer neues Wasser in Form von Dampf von den Meeren aufs Land transportiert, wo es Wolken bildet und als Niederschlag zu Boden geht, würden Flüsse versiegen, Seen austrocknen und Landstriche veröden. Zudem sind die fliegenden Wasserspeicher ein Schlüsselelement im irdischen Energiehaushalt.

Bereits im 3. Jahrtausend v. Chr. wurden im antiken Mesopotamien Wolken nach Farben und Formen klassifiziert. Doch wie und wann genau sich Wolken bilden, ob sie nur wenige Minuten oder Tage bestehen und ob sie Niederschlag abwerfen, kann bis heute kein Wissenschaftler oder Computer exakt vorausberechnen (siehe Seite 48).

Wolken gelten daher noch immer als die große Unbekannte für alle Wettermodelle.

Wolken sind derart unberechenbar, dass sie als große Unbekannte im Wettergeschehen gelten

26

fliegender Wasserspeicher

Etwa 13 Billionen Tonnen Wasser zirkulieren in Form von Dampf und Wolken in der Atmosphäre

WAS SIND WINDE?

Die Sonne erwärmt das Meer langsamer als das Land, weil Wasser mehr Wärme aufnehmen kann.

Winde entwurzeln Bäume, bringen Häuser zum Einsturz, treiben Sturmfluten vor sich her, bestäuben aber auch viele Pflanzenarten, sorgen an Sommertagen für Abkühlung und säubern die Luft von Verunreinigungen.

Doch wo immer Wind weht, ob als laue Brise oder mächtiger Sturm – dahinter steckt stets das gleiche Prinzip: Ausgleich. Denn Luft ist ständig in Bewegung, und sie steht unter Druck, nur unterschiedlich stark: Kalte Luft zieht sich zusammen, ist schwerer, warme Luft ist leichter, steigt auf. Um den unterschiedlichen Luftdruck an zwei Orten auszugleichen, strömen die Luftmoleküle zum Ort des geringeren Drucks.

Dieses Phänomen lässt sich gut an Küsten beobachten: Tagsüber erwärmt die Sonne das Meer und die Luft darüber langsamer als das Land, weil Wasser mehr Wärme aufnehmen kann. Die schneller erwärmte Landluft steigt auf. Um den so entstehenden Druckunterschied auszugleichen, entwickelt sich ein Kreislauf, bei dem Luft an der Oberfläche vom Meer zum Land strömt: Seewind kommt auf. Umgekehrt weht die über dem Land aufsteigende Luft als Höhenwind zum Meer, wo die sich abkühlende Luft wieder absinkt.

Vergleichbares findet auch auf globaler Ebene statt. Da die Erde in etwa kugelförmig und ihre Achse geneigt ist, wird sie nicht überall gleichmäßig beschienen: Der Äquator bekommt mehr Sonne ab als die Pole, die Nordhalbkugel wird im Sommer mehr erwärmt als im Winter. Je größer die Unterschiede bei Temperatur und Luftdruck, desto schneller weht auch hier der ausgleichende Wind, oft über Tausende Kilometer hinweg.

Durch die Erdrotation wird der Ausgleich jedoch erschwert, denn auch die strömende Luft gerät in eine Drehbewegung. Warme Luft, die vom Äquator Richtung Nordpol unterwegs ist, driftet – von der Erdoberfläche aus betrachtet – nach rechts ab, Richtung Südpol dagegen nach links (in beiden Fällen also nach Osten). Durch diese Ablenkung entstehen Windsysteme wie etwa die Passatwinde oder der Indische Monsun.

Welche Wucht Winde entfachen können, bekommen Menschen besonders bei Wirbelstürmen zu spüren.

So brausen beispielsweise Tornados mit einer Drehgeschwindigkeit von bis zu 500 Kilometern pro Stunde über Land, und über tropischen Gewässern bilden sich Taifune, Hurrikans oder Zyklone, die Flutwellen von mehr als zehn Meter Höhe auslösen und ganze Küstenlandschaften verwüsten können •

Die stärksten Winde können Flutwellen von mehr als zehn Meter Höhe auslösen

DOMINIK BARDOW, Jg. 1982, ist Autor in Lissabon. Die Illustratorin **RINAH LANG,** Jg. 1975, lebt in Berlin.

28

Aus dem mächtigen Eispanzer auf dem antarktischen Festland birgt ein Spezialist einen Bohrkern, mit dessen Hilfe sich die wechselvolle Klimageschichte nachzeichnen lässt

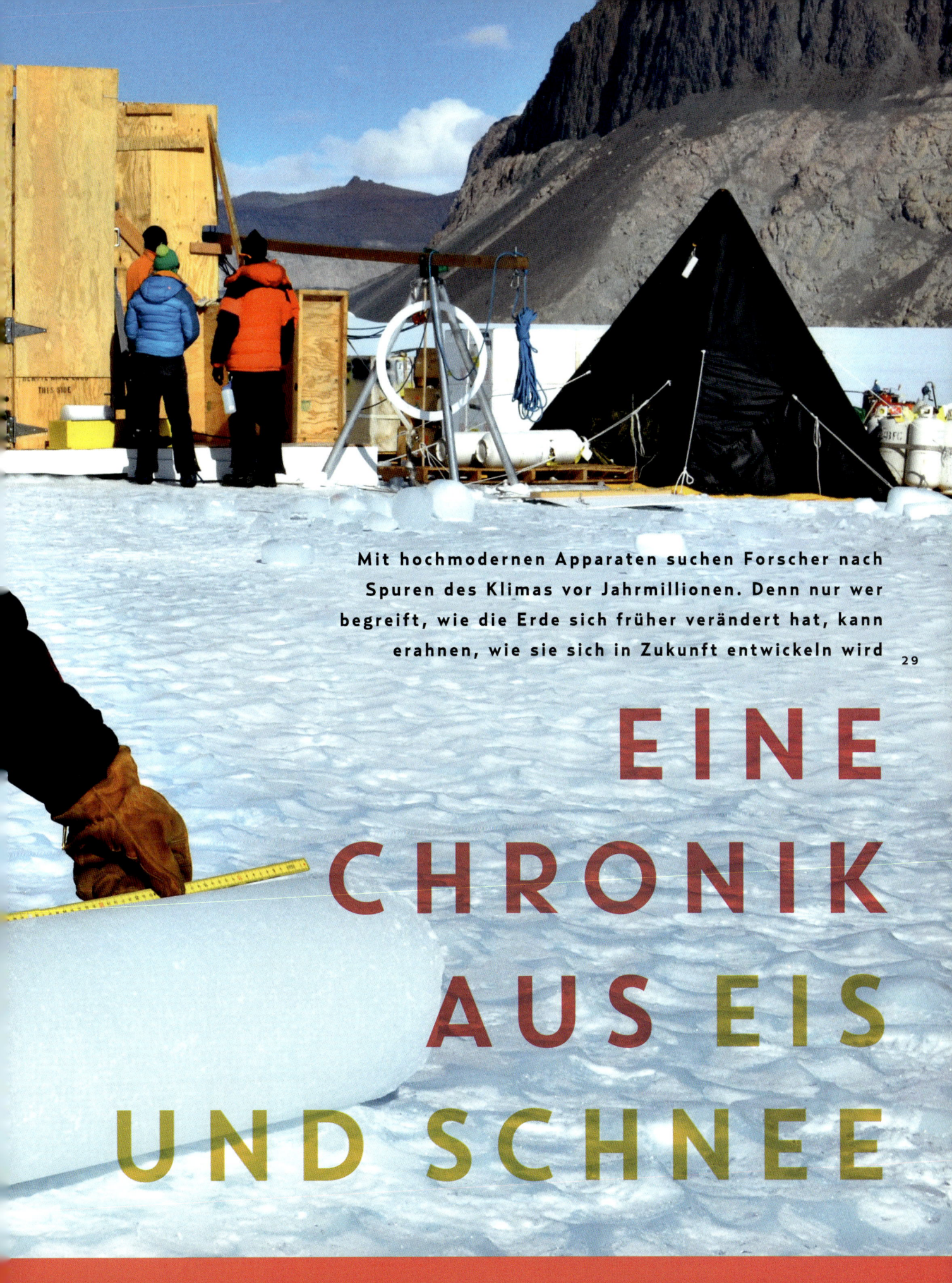

Mit hochmodernen Apparaten suchen Forscher nach Spuren des Klimas vor Jahrmillionen. Denn nur wer begreift, wie die Erde sich früher verändert hat, kann erahnen, wie sie sich in Zukunft entwickeln wird

EINE CHRONIK AUS EIS UND SCHNEE

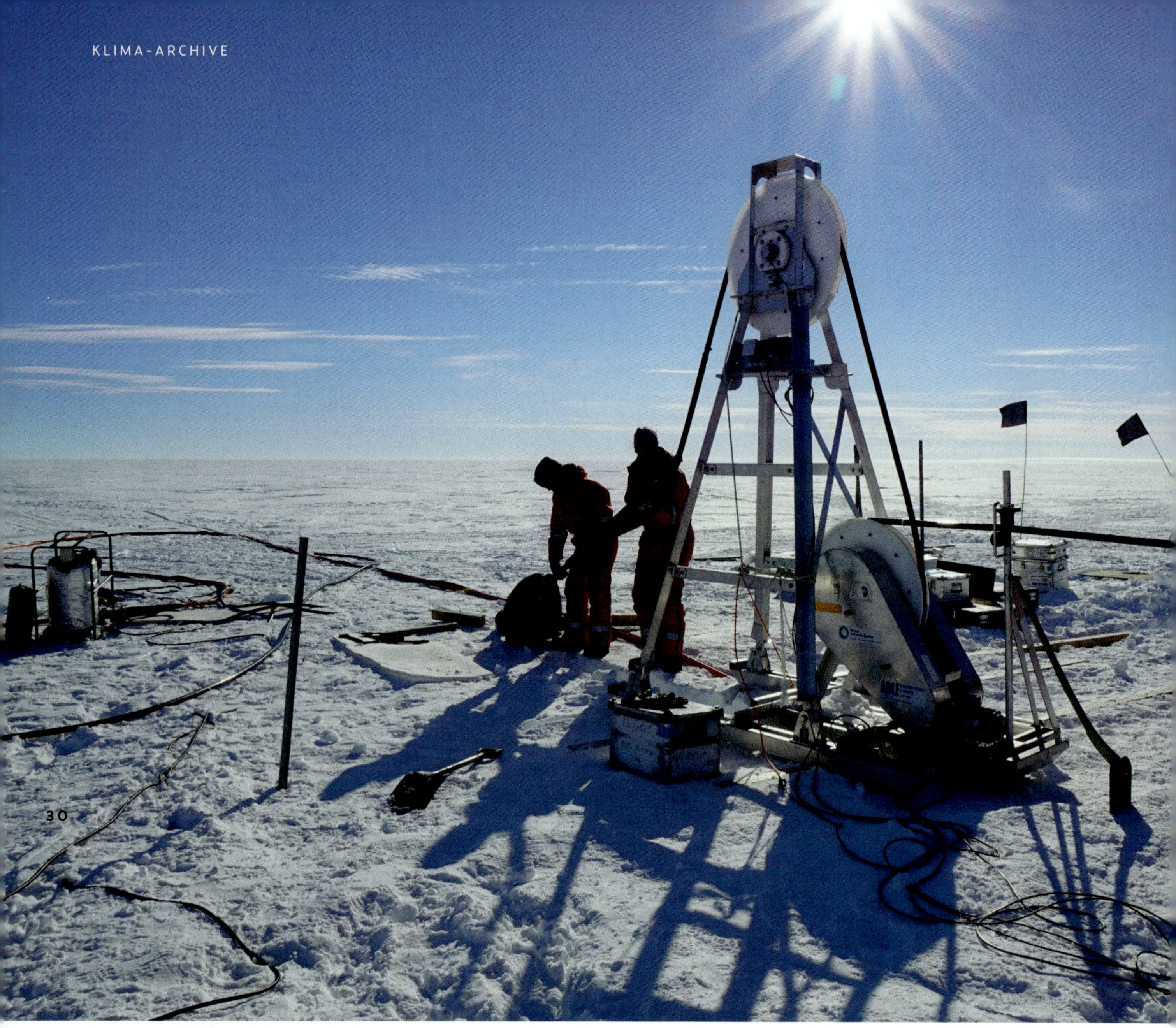

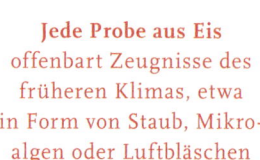

30

Schicht um Schicht
dringen Experten des deutschen Alfred-Wegener-
Instituts tiefer in das antarktische Eis ein

Jede Probe aus Eis
offenbart Zeugnisse des
früheren Klimas, etwa
in Form von Staub, Mikro-
algen oder Luftbläschen

Forscher zerlegen
die oft kilometerlangen Eisbohrkerne in Stücke, die
sie später im Labor analysieren

TEXT: MARTIN PAETSCH UND
SEBASTIAN WITTE

S

Scheinbar endlos erstreckt sich das Quelccaya-Eisfeld in Peru auf mehr als 5600 Meter Höhe. In der Ferne ragen die Gipfel der peruanischen Anden auf, irgendwo dazwischen liegt Cuzco, die legendäre Hauptstadt des Inkareiches.

Hier, in der Höhenluft des größten tropischen Gletschers der Welt, kostet jeder Schritt Mühe. Dennoch haben sich in den letzten Jahren und Jahrzehnten immer wieder Wissenschaftler in die unwirtliche Schneewüste aufgemacht. Denn sie bietet eine einzigartige Möglichkeit, das Klima der Vergangenheit zu erforschen – und das der Zukunft.

Den Lohn für ihre Qualen ziehen die Expeditionsteilnehmer aus den Tiefen der Gletscher: Sie bergen eisige Bohrkerne, in denen das Klima längst vergangener Zeiten seine Spuren hinterlassen hat. Der Schnee, der sich über Jahrhunderte hier abgelagert hat, ist darin Schicht für Schicht konserviert. Und mit ihm: uralter Staub, Vulkanasche, fossile Mikroalgen sowie winzige Luftbläschen, gefüllt mit der Atmosphäre vergangener Epochen.

Auch am Rand des Eisfeldes stoßen die Wissenschaftler auf verblüffende Zeugen der Klimageschichte. So fanden sie dort die Überreste einer moosartigen Pflanze, die der zurückweichende Gletscher freigegeben hatte. Untersuchungen haben ergeben, dass die Pflanze vor mehr als fünf Jahrtausenden vom Eis begraben und dadurch konserviert worden ist.

Allein schon dieser Fund zeugt wohl gleich von zwei abrupten Umschwüngen des globalen Klimas. Vor 5200 Jahren, als die Pflanze im Eis verschwand, hat vermutlich eine folgenschwere Abkühlung weite Teile der Erde erfasst. Weitere Anzeichen für diesen Umbruch fanden die Wissenschaftler unter anderem im Eis des Kilimandscharo. Der damalige Klimawandel könnte die Geschicke der Menschheit in neue Bahnen gelenkt haben: In den Anden wie in Afrika gingen etwa zur gleichen Zeit alte Siedlungen zugrunde, während in Ägypten und Mesopotamien frühe Hochkulturen entstanden.

Der zweite dramatische Umbruch ist derzeit in vollem Gang. In den vergangenen fünf Jahrtausenden ist es am Quelccaya-Gletscher offenbar nie so warm gewesen wie heute: Denn hätte sich die Eisdecke auch nur vorübergehend von der unter ihr begrabenen Pflanze zurückgezogen, wäre die schnell verrottet.

Das unscheinbare Relikt ist damit eines von vielen Indizien für die globale Erwärmung, die Forscher fast überall auf der Welt registrieren.

Wer die derzeitige Erderwärmung verstehen will, muss daher zunächst die Klimageschichte studieren – sie bildet den wissenschaftlichen Hintergrund, vor dem sich der Anstieg der Temperaturen überhaupt erst ablesen lässt. Auch Zukunftsprognosen für das komplexe Zusammenspiel von Atmosphäre, Ozeanen und Landmassen lassen sich nicht aufstellen ohne einen Blick in die Vergangenheit: Nur wer begreift, wie sich das System Erde während früherer Klimakrisen verhalten hat, kann die Warnzeichen der Gegenwart richtig deuten.

Paläoklimatologen tragen deshalb seit Jahren Messdaten aus den entlegensten Winkeln der Welt zusammen. Mit Bohrschiffen fördern sie sogar Sedimentkerne aus dem Grund der Ozeane – die Ablagerungen verraten, wie sich die Meerestemperaturen über Hunderttausende von Jahren verändert haben.

31

Die Archive der Natur enthüllen, wie unbeständig das Klima in der Vergangenheit gewesen ist: Denn neben den großen Zyklen der Kalt- und Warmzeiten, die ganze Kontinente vereisen oder erblühen ließen und so die Erdgeschichte prägten, kam es immer wieder auch zu kurzfristigeren Schwankungen mit teilweise regional völlig unterschiedlichen Folgen: So verdorrten zu der Zeit, als der Quelccaya-Gletscher zu wachsen begann, anderswo ganze Landstriche.

Etwa die Sahara.

Noch vor 9000 Jahren, wissen Klimaforscher, war Nordafrika ein grünes Paradies. Fischskelette, Elefantenknochen und Felszeichnungen künden von einer Zeit, als es in der heutigen Dürrezone noch Seen und Flüsse gab. Doch spätestens vor 5000 Jahren wurde es allmählich trockener – bis sich die Sahara schließlich in jene lebensfeindliche Wüste verwandelte, die wir heute kennen. Auslöser des Umschwungs war vermutlich eine Taumelbewegung der Erdachse, die indirekt das globale Wind- und Wettersystem veränderte.

Z

Zu derart gravierenden Klimaschwankungen, das zeigen die Eisproben der Glaziologen, ist es in der Vergangenheit ungezählte Male gekommen.

Eindrucksvoll belegt dies beispielsweise ein in insgesamt 2774 Abschnitte zerteilter Bohrkern, der bei minus 20 Grad Celsius im Alfred-Wegener-Institut für Polar- und Meeresforschung in Bremerhaven lagert. Die jeweils genau einen Meter langen, mehrere Kilogramm schweren Schneerelikte haben die Forscher gemeinsam mit anderen Wissenschaftlern aus dem kilometerdicken Eispanzer des antarktischen Königin-Maud-Landes geborgen.

Für die Tiefbohrung im Rahmen des European Project for Ice Coring in Antarctica (EPICA) hatten Experten des Alfred-Wegener-Instituts eigens eine Containersiedlung auf Stelzen errichtet: die Kohnen-Station. Inmitten der scheinbar endlosen Schneewüste schufteten die For-

Nur für einige Wochen können die Wissenschaftler ihre Bohrcamps während des kurzen polaren Sommers aufschlagen

scher vier Südsommer lang, in jeder Saison trieben sie den Bohrer tiefer in den eisigen Grund – und bargen dabei immer ältere Bohrkernabschnitte.

Dann, im Januar 2006, durchstieß der Bohrer nach 2774 Metern die Unterseite der Eisdecke. Das kostbare Probenmaterial wurde nach Bremerhaven verschifft, im Labor zersägt, anschließend analysiert und an beteiligte Institute verschickt. Was übrig blieb, ist im Eiskernlager archiviert.

Mithilfe der Proben können Forscher seither gleichsam auf eine klimatische Zeitreise gehen – in diesem Fall mindestens 150 000 Jahre in die Vergangenheit.

Die eisigen Ablagerungen aus grauer Vorzeit entstanden, als in dem Gebiet über Jahrtausende jedes Jahr mehr

Schnee fiel, als später wieder abtaute. Auf diese Weise türmte sich Schicht um Schicht aufeinander, und die Schneeflocken der tieferen Lagen wurden immer stärker zusammengepresst – bis der Druck so hoch war, dass sich Schnee in Eis verwandelte.

Und so begannen sich bei diesem Bohrkern ab einer Tiefe von 200 Metern, wo das Eis rund 2500 Jahre alt ist, erste „Horizonte" abzuzeichnen – die Übergänge zwischen klaren und milchigen Eisschichten, die unter anderem jahreszeitliche Änderungen der Temperatur sichtbar machen.

Noch 1600 Meter tiefer hatte vor 60 000 Jahren eine Kaltzeit eine dichte Bänderung im Eiskern hinterlassen.

Diese trüben Schichten, stark verdichtet unter der enormen Last des Gletschers, bestehen aus uraltem Dreck. Vermutlich trugen ihn heftige Winde aus den Wüsten heran, die sich während der kalten und trockenen Klimaphasen ausgedehnt hatten. In den Warmzeiten sind dagegen nur wenige Schlieren im Eis zu sehen.

Bei Meter 809 des Bohrkerns zog sich ein drei Zentimeter breites, schwarzes Band durch das Eis – die Asche eines Vulkans, der vor rund 15 000 Jahren explodierte. Die Spuren solcher Katastrophen nutzen die Forscher als Zeitmarken, um die Eislagen zu datieren. So ließen sich in Bohrkernen aus der Antarktis und Grönland mehrere große Ausbrüche in der Vergangenheit nachweisen.

Die gewaltigste dieser Explosionen ereignete sich vor knapp 75 000 Jahren, als auf Sumatra der Vulkan Toba ausbrach: Der Feuerberg schleuderte 3000 Kubikkilometer Staub und Trümmer in die Atmosphäre. Die dunkle Schicht dagegen, die sich im 15 000 Jahre alten Eis des Königin-Maud-Landes abzeichnet, kannten Forscher nicht aus anderen Bohrungen. Der Ausbruch erfolgte wahrscheinlich relativ nah neben dieser Bohrstelle, vermutlich in der Ge-

Der bislang älteste EISBOHRKERN führt die Klimahistoriker fast **EINE MILLION JAHRE** zurück

Im Inneren der Ozeane

Aus Proben der Erdkruste am Grund des Polarmeeres gewinnen
Forscher die bislang ältesten Klimadaten

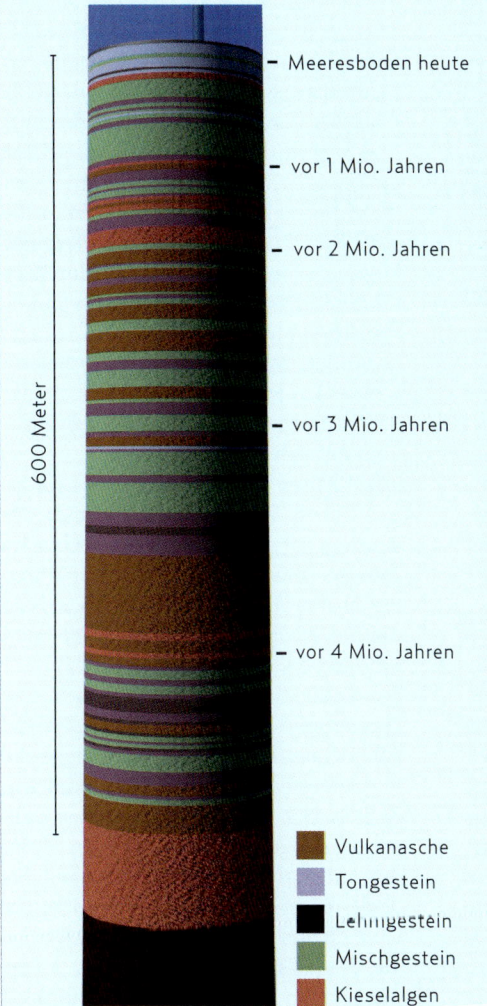

600 Meter

– Meeresboden heute

– vor 1 Mio. Jahren

– vor 2 Mio. Jahren

– vor 3 Mio. Jahren

– vor 4 Mio. Jahren

■ Vulkanasche
■ Tongestein
■ Lehmgestein
■ Mischgestein
■ Kieselalgen

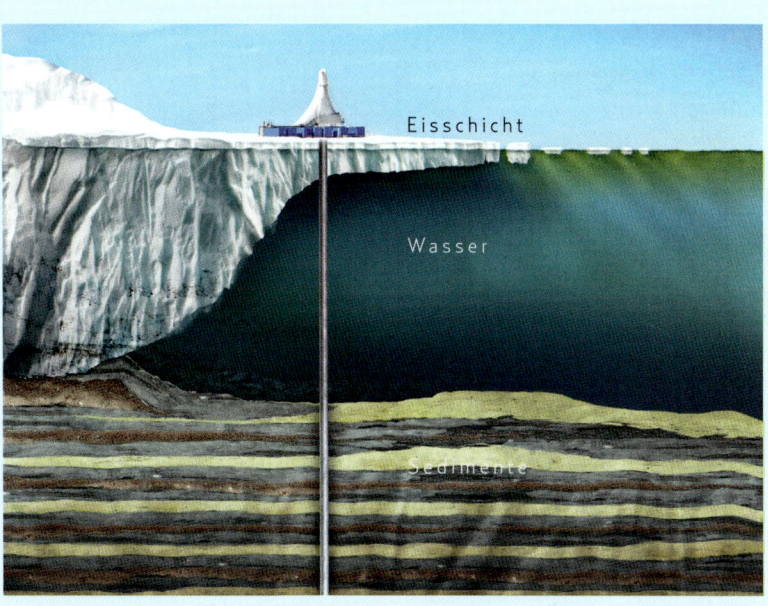

Eisschicht

Wasser

Sedimente

Mit Spezialbohrern dringen Forscher durch die Eisdecke über dem Polarmeer sowie die darunter liegende Wassermasse in den Ozeanboden. Der besteht aus Sedimenten: Schicht um Schicht (links) haben sich über Jahrmillionen etwa Muscheln und Algen, Vulkanasche, Ton- und Lehmpartikel dort abgelagert und allmählich zu Gestein verfestigt. Mit jeder Schicht können Wissenschaftler gewissermaßen weiter in die Vergangenheit reisen. So lässt sich nicht nur die Klimageschichte nachzeichnen, sondern auch erkennen, wie der gesamte Planet auf massive Veränderungen, etwa der Temperatur, reagierte. Denn weitaus mehr als viele andere Gebiete bestimmt die südliche Polarregion die globalen Umweltbedingungen. Bislang kennen Forscher Ablagerungen in mehr als 1000 Meter Tiefe, die 20 Millionen Jahre alt sind – und somit aus jener Zeit stammen, in der sich etwa viele der heutigen Gebirge formten.

---

gend der gut 2000 Kilometer entfernten Südlichen Sandwichinseln.

Das Eis birgt aber noch eine Fülle weiterer Daten, aus denen sich in wahrer Detektivarbeit die Klimaverhältnisse der Vergangenheit rekonstruieren lassen.

Das wichtigste Analyseverfahren macht sich zunutze, dass Wassermoleküle aus unterschiedlich schweren Wasserstoff- und Sauerstoffatomen – sogenannten Isotopen – bestehen können. In kälteren Zeiten enthält der Neuschnee in den Polarregionen besonders viele leichte

Atome. Das Isotopenverhältnis in einem Kernabschnitt verrät deshalb, welche Temperaturen in der entsprechenden Epoche geherrscht haben.

Die im Eis konservierten Staubteilchen vermitteln zudem einen Eindruck von vergangenen Windverhältnissen. Enthält eine Eisschicht größere Körnchen, so müssen bei ihrer Ablagerung stärkere Winde geweht haben – nur sie haben die nötige Kraft, relativ schwere Partikel zu transportieren. Sogar die Herkunft des Staubes lässt sich ermitteln und

damit auch die vorherrschende Windrichtung.

Und schließlich sind die eisigen Kerne die einzigen Archive, in denen Luftproben aus früherer Zeit aufbewahrt werden: Anhand eingeschlossener Bläschen können Forscher die jeweilige Gaszusammensetzung der Atmosphäre bestimmen.

So lässt sich auch feststellen, wie hoch die Konzentration von unterschiedlichen Treibhausgasen war. Ergebnis solcher Analysen ist eine Klimakurve, die bei dem vom Alfred-Wegener-Institut unter-

Jeder frisch gewonnene
Eisbohrkern muss von Spezia-
listen gesäubert, vermessen und
katalogisiert werden

Der Staub eines Vulkans,
der vor rund 21 000 Jahren ausgebrochen ist, hat sich als
dunkle Schicht im Eis erhalten

suchten Bohrkern 150 000 Jahre zurück-
reicht – bei den noch älteren Schichten,
jenseits von 2416 Meter Tiefe, sind zwei-
felsfreie Datierungen bisher nicht möglich.

Einem Team russischer, französischer
und amerikanischer Forscher gelang nahe
der antarktischen Wostok-Station (dem
mit durchschnittlich minus 55,1 Grad Celsius wahrscheinlich ganzjährig kältesten
Ort der Erde) ein Vorstoß in die Zeit vor
420 000 Jahren. Sie förderten einen Bohrkern zutage, in dem sich
vier komplette eiszeitli-
che Zyklen abzeichne-
ten, regelmäßige Wech-
sel von Warm- und Kalt-
zeiten, die im Rhythmus
von etwa 100 000 Jahren
aufeinander folgten.

Vorhergesagt hatte diese zeitliche Abfolge bereits in den 1920er Jahren einer
der Pioniere der Klimaforschung: der Ser-
be Milutin Milanković (1879–1958). Der
Mathematiker nahm an, dass Veränderungen der Erdbahn um die Sonne für
die langfristigen Klimaschwankungen
verantwortlich sind.

In seinen Berechnungen berücksich-
tigte er mehrere aus astronomischen Beobachtungen bekannte Faktoren:

• So wechselt die Umlaufbahn der
Erde um die Sonne allmählich zwischen
einer leicht elliptischen Form und einer
nahezu kreisförmigen Gestalt, wobei eine
Periode ungefähr 100 000 Jahre dauert;

• die Erdachse verändert in einem
Zyklus von etwa 41 000 Jahren ihre
Neigung, die dadurch mal mehr und mal
weniger stark ausfällt;

• zudem vollführt die Erdachse auch
eine taumelnde Bewegung ähnlich einem
trudelnden Kreisel, mit einem Takt von
rund 25 800 Jahren;

• und schließlich verschiebt sich auch
die Umlaufbahn selbst, sodass der jeweils
sonnenfernste Punkt im Verlauf von etwa
112 000 Jahren einen Kreis beschreibt.

Die verschiedenen Phänomene beeinflussen, wie intensiv die Erde von der

Sonne bestrahlt wird oder wie sich die
Sonnenenergie im Laufe der Jahreszeiten
auf Nord- und Südhalbkugel verteilt.

Milanković berechnete nun die Ef-
fekte für den Energiehaushalt der Erde
und folgerte daraus, dass sie ausreichend
groß sind, um die Abfolge von Kalt- und
Warmzeiten zu erklären. Geht zum Beispiel die Einstrahlung auf der Nordhalbkugel im Sommer zurück, so schmelzen
die beschienenen Eisflächen in diesen
kritischen Monaten weniger schnell und
gewinnen über Jahre hinweg stetig an
Größe. Im Extremfall – wenn sich also
dieser Effekt mit anderen überlagert –
können sich Gletscher dann zu einem
eiszeitlichen Panzer ausdehnen.

Den definitiven Beweis für die Bedeutung der von Milanković berechneten
Zyklen erbrachten in den 1970er Jahren
unter anderem Sedimentkerne aus der
Tiefsee. Noch deutlicher traten sie dann
im Wostok-Eis hervor.

Doch solche Funde zeigen auch, dass
die astronomischen Einflüsse allein nicht
ausreichen, um Klimaumschwünge der
Vergangenheit zu erklären. Und ebenso,
dass es sich keineswegs nur im behäbi-
gen Tempo der Milanković-Zyklen gewan-
delt hat. Eisbohrungen in Grönland aus
den 1960er und 1970er Jahren offenbar-
ten etwa auch vergleichsweise kurzzeitige
Temperatursprünge – dramatische Klimawechsel, an die viele Forscher zunächst
nicht glauben wollten.

Gemeinsam hatten der dänische Pa-
läoklimatologe Willi Dansgaard (1922–
2011) und der Schweizer Klimaforscher
Hans Oeschger (1927–1998) die Ent-
deckung gemacht, dass sich während
der letzten Kaltzeit (ungefähr 120 000 bis
11 000 Jahre vor unserer Zeit) das Klima
auf der Nordhalbkugel der Erde mehr
als 20-mal abrupt er-
wärmt haben musste:
Im Verlauf von wenigen
Jahrzehnten waren die
Durchschnittstempera-
turen dabei um jeweils
bis zu rund zehn Grad
Celsius in die Höhe ge-

Aus der HERKUNFT VON STAUB

lässt sich sogar ermitteln, aus welchen

Richtungen der **WIND EINST WEHTE**

schnellt und anschließend langsam wieder abgesunken.

Die Ursache der nach den Entdeckern benannten Dansgaard-Oeschger-Ereignisse ist bis heute nicht ganz klar. Wahrscheinlich hängen sie mit der Ozeanzirkulation im Nordatlantik zusammen (siehe Seite 46), die vermutlich plötzlich aus dem Gleichgewicht geriet, woraufhin sich möglicherweise das Klima erwärmte und das arktische Eis schmolz. Rätselhaft ist die Regelmäßigkeit, mit der diese Ereignisse auftraten. Vielleicht ließen periodische Schwankungen der Sonnenaktivität damals die nordatlantische Zirkulation umkippen.

In den Eiskernen der Antarktis fanden sich dagegen keine Signale solch abrupter Klimawechsel – allerdings sind die meisten der Kerne auch weit entfernt von der Atlantikküste gezogen worden.

Wie stark die Ereignisse im Norden mit dem Klima der Südhalbkugel verknüpft waren, sollte die EPICA-Bohrung im Königin-Maud-Land klären, das im atlantischen Sektor der Antarktis liegt. Und tatsächlich zeichneten sich in der Temperaturkurve sanfte Schwingungen ab, die jedoch leicht zeitversetzt zu den schlagartigen Erwärmungen in Grönland abliefen. Was in diesem klimatischen Hin und Her die Ursache ist und was die Wirkung, ist aber bis heute noch nicht vollends verstanden.

Auch aus diesem Grund versucht das EPICA-Team derzeit einen Standort in der Antarktis zu finden, an dem es noch weit ältere Eisproben bergen kann – um somit noch viel weiter in die Vergangenheit zu blicken. Ihren bislang ältesten Eisbohrkern haben die Wissenschaftler bei einer weiteren Bohrung in der Ostantarktis entnommen. Er stammt aus bis zu 3260 Meter Tiefe, reicht knapp 900 000 Jahre in die Vergangenheit und enthält mitunter 40 Zentimeter mächtige Kristalle. Nun wollen die EPICA-Forscher Eis zutage fördern, das bis zu 1,5 Millionen Jahre alt ist.

Noch weitaus ältere Klimadaten lassen sich jedoch aus Proben herauslesen, die Polarforscher aus dem Meeresboden gewinnen. 2006 und 2007 haben rund 200 Wissenschaftler an zwei Stellen Spezialbohrer in die Erdkruste vor der südwestantarktischen Küste getrieben. Bis in eine Tiefe von fast 1300 Metern sind die Forscher vorgedrungen, und sie haben Ablagerungen erreicht, die rund 20 Millionen Jahre alt sind. Jede Schicht besteht aus anderen Materialien – etwa Vulkanasche, Ton-, Lehm- oder Mischgestein.

Die Bohrkerne zeichnen nicht nur die Klimageschichte der Polarregion nach, sie ermöglichen auch Rückschlüsse auf die Umweltbedingungen des gesamten Planeten. Denn weitaus mehr als viele andere Gebiete bestimmt die Antarktis die globalen Umweltveränderungen: Schmelzen ihre gewaltigen Gletscher – etwa aufgrund einer Erwärmung –, steigt der Meeresspiegel dramatisch an, Überschwemmungen und Landverluste allerorten sind die Folge.

Und genau dazu, so zeigen es die Proben, ist es in den vergangenen 14 Millionen Jahren mehr als 60-mal gekommen. Immer wieder haben die Forscher in den Sedimenten Abschnitte ausgemacht, in denen nur Sand oder kleinere Steine zu finden waren: ein Zeichen dafür, dass die Gletscher geschmolzen waren und auf ihrer Oberfläche kein Geröll mehr ins Meer befördern konnten.

Auch häuften sich in diesen Schichten die fossilen Spuren mariner Kleinstlebewesen und Muscheln. Das bedeutet: Die Lebensbedingungen müssen erträglicher, der Ozean muss wärmer gewesen sein, das schwimmende Meereis muss sich weit zurückgezogen haben.

Wie stark sich das antarktische Klima aufheizen konnte, zeigt vor allem ein 90 Meter langes und vier Millionen Jahre altes Bohrkernstück. Angereichert mit fossilen Kieselalgen, erzählt es von einer Episode in der Geschichte der Antarktis, in der das Meer dort eisfrei war und rund 200 000 Jahre lang vor Leben geradezu strotzte.

Damals lagen die durchschnittlichen Temperaturen bis zu fünf Grad höher als heute. Der Kohlendioxidgehalt in der Luft entsprach fast genau dem jetzigen.

Als wahrscheinlich gilt, dass bei fortlaufendem Klimawandel die Erde im Jahr 2100 um durchschnittlich knapp fünf Grad Celsius wärmer sein wird als heute.

Durch das teilweise Abschmelzen der grönländischen Eismassen wird der Meeresspiegel dann – so die Prognose von Experten – im Mittel gut 60 Zentimeter ansteigen. Ohne Schutzmaßnahmen würde das Schmelzwasser weltweit Zehntausende Quadratkilometer Küstengebiete dauerhaft überschwemmen, 130 Millionen Menschen müssten auf höher liegende Gebiete ausweichen.

Auch die eisigen Chroniken sind dann wohl größtenteils weggeschmolzen.

Am Quelccaya-Gletscher in Peru, auf 5600 Meter Höhe, erleben die Klimadetektive schon heute, wie die Eisfläche jedes Jahr schneller schrumpft. Vielleicht werden sie dort irgendwann auf nacktem Felsen stehen und jene Kratzer sehen, die ihre Bohrungen im Stein hinterlassen haben. Eine Vorstellung, die sie rastlos von Expedition zu Expedition eilen lässt.

Bevor die Gletscher, diese einzigartigen Zeugen der Klimageschichte, für immer verloren sind ●

MARTIN PAETSCH, Jg. 1970, ist Wissenschaftsjournalist und lebt in Hongkong.
SEBASTIAN WITTE, Jg. 1983, ist Textredakteur im Team von GEOkompakt.

PLANET D

WAS UNSER
WETTER
PRÄGT

TEXT: ALEXANDRA RIGOS

ILLUSTRATIONEN: RAINER HARF
UND JOCHEN STUHRMANN FÜR GEOKOMPAKT

Weshalb scheint auf Rügen so oft die Sonne? Warum regnet es so viel in Oberbayern? Wie kommt es, dass uns ständig Tiefs aus dem Westen erreichen? Und wieso lässt uns im Winter mitunter eiskalte Luft aus dem Osten frieren? Wer das Wetter in Deutschland verstehen möchte, muss den ganzen Planeten betrachten. Denn wir sind Teil eines gewaltigen Systems von Luftströmungen

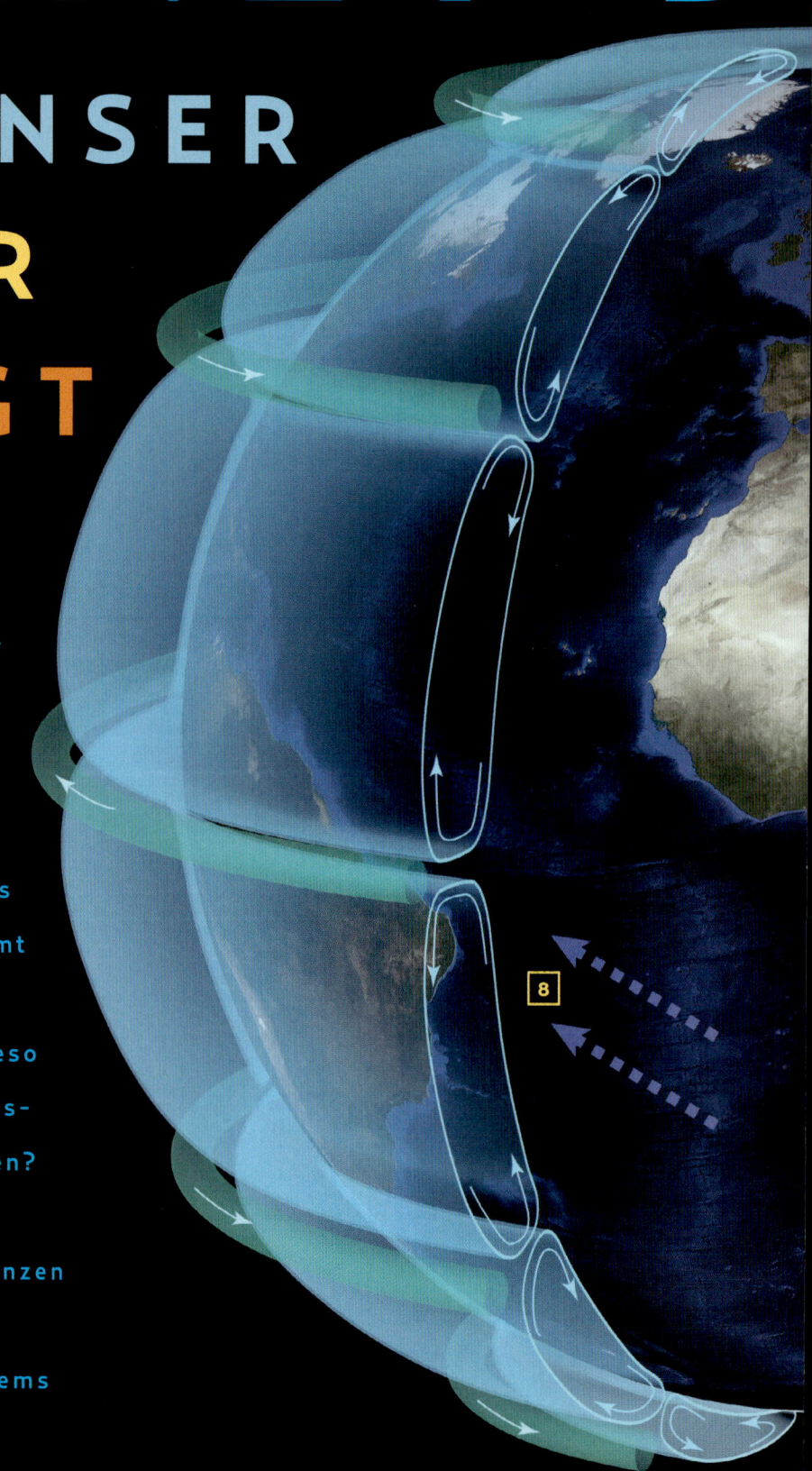

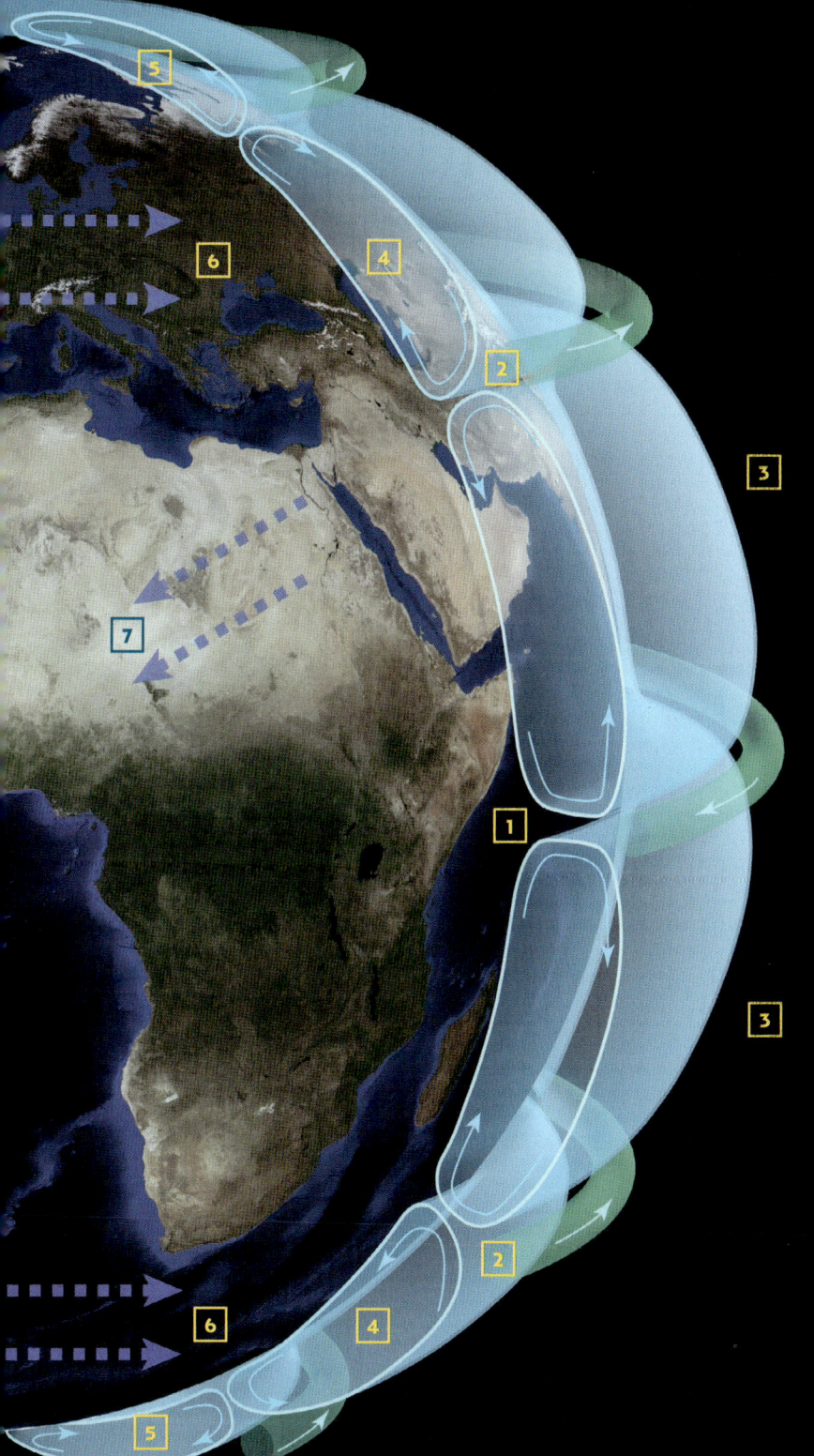

Globale Faktoren:

So weht die **Luft**
um die Welt

Das Klima auf unserem Planeten ist geprägt von Windsystemen, die wie Gürtel (hellblau) den Erdball umspannen. Angetrieben werden die Luftmassen von der Sonne.

So erwärmt sich etwa die Luft am Äquator stark und steigt empor (1) – dort entsteht am Boden eine Tiefdruckzone. In der Höhe strömt die Luft nach Norden oder Süden, kühlt dabei ab und sinkt wieder zur Oberfläche (2) – hier bilden sich Hochdruckzonen. Da Luftteilchen stets vom Hochdruck zum Tiefdruck fließen, schließt sich der Kreis: Die Luft strömt bodennah von Norden und Süden wieder zurück zum Äquator.

So entstehen zwei rotierende Windgürtel, die sogenannten Hadley-Zellen (3). Nach dem gleichen Prinzip drehen sich weiter nördlich und südlich die Luftmassen und bilden Zellen aus, die den Globus umgürten: die Ferrel-Zellen (4) und die Polaren Zellen (5).

Die Erddrehung lenkt die Luftmassen unterschiedlich ab, und so wird jede Zone durch charakteristische Windsysteme geprägt: In den Westwindzonen (6) blasen Winde aus Westen, in den Passatregionen der Nordhalbkugel strömen sie aus Nordost (7), auf der Südhalbkugel aus Südost (8).

In großer Höhe wehen zudem kräftige Winde (grünliche Ringe), die aufgrund von starken Druck- und Temperaturunterschieden in der Atmosphäre entstehen: die Jetstreams.

37

Großräumige Faktoren:

Wie sich ein **Tief** entwickelt

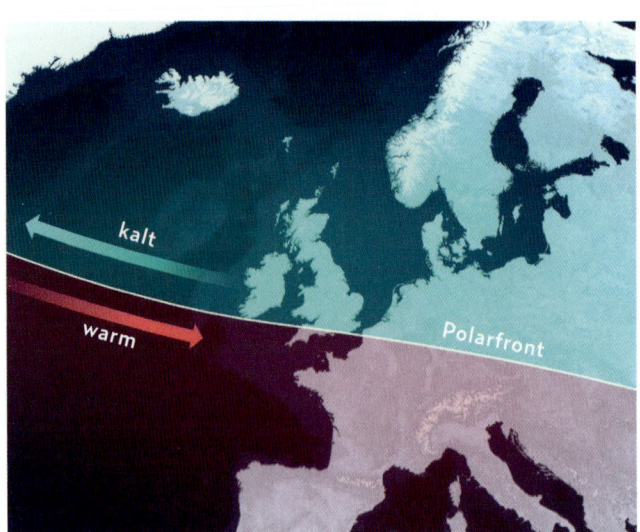

I. **Kalte und warme Luft** begegnen sich

Strömt über dem Atlantik warme subtropische Luft an kalter polarer vorbei, bildet sich oft ein Tief, das Mitteleuropa beeinflussen kann. An der Grenze, der Polarfront, beginnen die Luftmassen auf komplexe Weise aufeinander einzuwirken

II. **Regenwolken** ballen sich

Die warme Luft schiebt sich in die kalte, kühlt ab, kann weniger Wasserdampf halten: Regenwolken entstehen. Die Fronten beginnen sich zu drehen, Kaltluft schiebt sich unter die warme Luft. Die steigt auf: Es kommt zu weiterem Regen

d

Deutschlands regenreichster Ort liegt nicht, wie man vielleicht vermuten könnte, an der rauen Nordseeküste – sondern am Alpenrand. 2095,6 Liter Regen prasselten 2016 pro Quadratmeter auf die Wetterstation Ruhpolding-Seehaus. Das ist genug Wasser, um gut zehn Badewannen zu füllen – und der höchste Wert, den der Deutsche Wetterdienst in jenem Jahr gemessen hat.

In Bernburg an der Saale dagegen würde der Regen nicht einmal für zwei Wannenfüllungen reichen. Nur 358,5 Liter pro Quadratmeter wurden dort 2016 gemessen, rund ein Sechstel der Menge von Ruhpolding und so wenig wie sonst nirgendwo in der Bundesrepublik.

Und doch schien die Sonne in Bernburg nicht so oft wie am Ostseestrand: Am Kap Arkona auf Rügen zeigte sie sich 2016 gut 1991 Stunden – rund 5,5 Stunden pro Tag. Das war Deutschland-Höchstwert.

Von so viel blauem Himmel konnten Besucher des Bergplateaus Schmücke in Thüringen allenfalls träumen: Mit nur 1331 Sonnenstunden war es der trübste Fleck im ganzen Land.

Sosehr sich diese Orte hinsichtlich ihres lokalen Wetters unterscheiden: Sie alle liegen im Einflussbereich der Westwinde, die für das in Mitteleuropa typisch unbeständige Wetter sorgen.

Auch bei den Temperaturen zeigen sich erstaunliche Abweichungen. Im Rheinland sind die Winter in aller Regel so mild, dass in manchen Gärten Palmen gedeihen, in Berlin dagegen haben subtropische Pflanzen keine Chance.

Dort liegt die durchschnittliche Januartemperatur nur knapp über dem Gefrierpunkt, in Köln bei rund drei Grad Celsius über null.

Wer verstehen will, wie solche klimatischen Differenzen zustande kommen, weshalb der eine Landstrich sonnenverwöhnt, der andere regengeplagt ist, der muss zunächst gleichsam weit aus Deutschland herauszoomen, muss den ganzen Planeten und die globalen Luftzirkulationen betrachten. Und sich dann Schritt für Schritt wieder Mitteleuropa und Deutschland nähern.

Denn das Wetter in Deutschland ist das Ergebnis zweier sehr unterschiedlicher Phänomene:

• I. des globalen Wettergeschehens, das sich über Mitteleuropa gewöhnlich im Kampf der Luftmassen auswirkt, die vom Nordatlantik heranrauschen;

• II. des lokalen Klimas, das von der örtlichen Geografie beeinflusst wird – von Küsten und Wasserflächen, von Bergen und Tälern, von Wäldern oder Städten.

Diese beiden Faktoren überlagern einander und bestimmen in ihrem Zusammenspiel das Wetter und Klima vor Ort – sei es in Oberbayern, auf Rügen oder im Thüringer Wald.

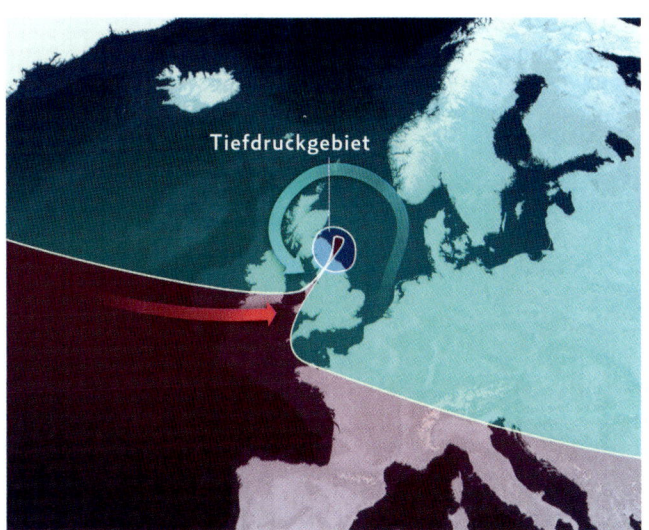

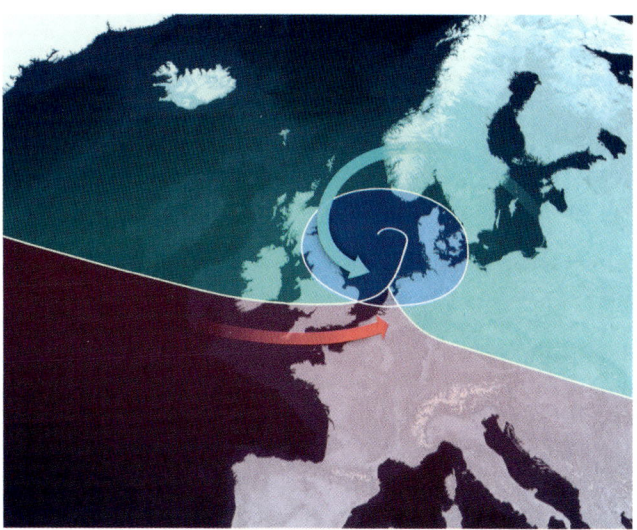

III. Der **Druck sinkt**

Die Kaltfront dreht sich schneller, holt die Warmfront ein.
Die eingeschlossene warme, leichtere Luft steigt auf und
strömt in der Höhe in alle Richtungen davon. Dadurch sinkt
der Druck über dem Zentrum: Ein Tiefdruck ist entstanden

IV. Auf dem **Weg nach Osten**

Als Druckausgleich strömt Luft am Boden in das Tiefdruckgebiet nach und gerät durch die Erdbewegung in Rotation.
Das Tief zieht meist mit Regenwolken über Nord- und Mitteleuropa. Oft löst es sich nach einigen Tagen wieder auf

I. GROSSRÄUMIGE FAKTOREN

Was die weltweiten Winde
antreibt und wo die Wetterküche
Europas liegt

Ganz gleich, ob es windstill oder stürmisch ist, ob Gewitterwolken den Himmel verhängen oder wir uns über sonnenklare Sicht freuen – immer ist es letztlich ein einziger mächtiger Faktor, der alle Wettererscheinungen auf unserem Planeten antreibt: die Sonne.

Beständig wärmt das Zentralgestirn die Erde auf, die nur etwa 40 Prozent der auf ihrer Oberfläche auftreffenden Strahlung wieder an den Weltraum abgibt. Die restliche Sonnenenergie versetzt die Atmosphäre unseres Planeten in Wallung, setzt Luftströme in Bewegung und treibt den globalen Kreislauf von Verdunstung und Niederschlag an.

Über den Tropen steht die Sonne das ganze Jahr sehr hoch am Himmel.

Das

WETTER in

Deutschland

entspringt einer

UNGESTÜMEN

Zone um den

50. Breitengrad

Entsprechend viel Strahlung trifft auf die Erde, die sich daraufhin stark aufheizt und dann die bodennahen Luftschichten erwärmt. Da warme Luft nach oben steigt, sinkt der Luftdruck am Boden, und so zieht sich eine Tiefdruckzone rund um den Äquator (siehe Illustration Seite 36).

Kalt hingegen ist es an den Polen, wo die Sonne auch im Sommer nur knapp über dem Horizont steht und monatelang überhaupt nicht erscheint. Dort lagern dichte, kalte Luftschichten am Boden, und es herrscht hoher Luftdruck.

Dieses Ungleichgewicht zwischen Tropen und Polen hat Folgen. Denn die unterschiedlichen Luftmassen über den warmen und kalten Zonen der Erde suchen nach Ausgleich: Die warme Tropenluft strömt in der Höhe polwärts, während sich die kalten Luftschichten über Arktis und Antarktis in Bodennähe in Richtung Äquator schieben.

Da sich die Erde dreht, kommt es jedoch nie zu einem direkten Ausgleich dieser Luftmassen. Die Strömungen werden durch die Rotation so stark abgelenkt, dass sie sich nicht direkt begegnen. In den Regionen mit den höchsten und den niedrigsten Temperaturen herrschen vielmehr relativ stabile Verhältnisse, bei denen die Luft innerhalb der Bereiche zirkuliert.

So kühlt sich die warme Tropenluft auf ihrer Reise in Richtung der Pole allmählich ab und sinkt ungefähr auf Höhe der 30. Breitengrade wieder nach unten – auf der Nordhalbkugel etwa über dem Atlantik zwischen Nordafrika und der Karibik, auf der Südhalbkugel zum Beispiel über Australien.

Durch die absinkenden Luftmassen erhöht sich dort am Boden der Luftdruck, sodass in diesen Breiten zwei weltumspannende Hochdruckgürtel liegen. Mit den Jahreszeiten verschieben sich diese Zonen ein Stück nach Norden beziehungsweise Süden, weil die Luft je nach Intensität der Sonnenstrahlung ein wenig nördlicher beziehungsweise südlicher abkühlt und zu Boden sinkt.

Die in den Hochdruckzonen aus der Höhe herabströmende Luft kehrt schließlich in Bodennähe zum Äquator zurück.

Eine ähnliche Zirkulation wie über den Tropen besteht auch im Gebiet um die Pole bis etwa zum 60. Breitengrad – allerdings werden dort weitaus geringere Mengen an Luft bewegt. In jenen Teilen der Erde, die im Einflussbereich dieser Luftwalzen liegen, herrscht meist ein gleichbleibendes Wetter: schwülwarm und wolkenreich am Amazonas, trockenkalt in arktischen Gefilden, extrem sonnig in Nordafrika oder in Australien.

Wesentlich turbulenter geht es hingegen in den Gegenden zu, die auf der Nord- und Südhalbkugel zwischen polarer und tropischer Zone liegen – also ungefähr zwischen dem 30. und 60. Breitengrad. Dort herrscht ein ständiges Ringen zwischen Kalt und Warm, zwischen Hochdruck und Tiefdruck – ein hochkomplexes, überaus dynamisches Hin und Her, das ein höchst veränderliches, schwer berechenbares Wetter hervorbringt.

Hier gelangen Luftmassen aus dem subtropischen Raum in Richtung der Pole.

Doch durch die Rotation der Erde werden diese Ströme zu Winden abgelenkt, die von Westen nach Osten wehen, daher spricht man von der „Westwindzone".

Einem Förderband gleich, transportiert diese Westwindzone Hoch- und Tiefdruckgebiete in dichter Folge – auf der Nordhalbkugel etwa vom Atlantik nach Europa (siehe Illustration Seite 36).

Diese Hoch- und Tiefdruckgebiete sind nicht so ortstreu wie zum Beispiel die Tiefdruckzone am Äquator. Vielmehr rauschen sie oft wie losgelassene Frisbee-Scheiben über uns hinweg.

Ihr Ursprungsort – und damit quasi die Wetterküche Deutschlands – ist eine ungestüme Zone ungefähr im Bereich des 50. Breitengrades. Dort treffen relativ warme Luftmassen auf deutlich kältere polare Luft. Zwar vollführen die Temperaturen keinen plötzlichen Sprung, doch können sie mitunter über eine Entfernung von 100 Kilometern um mehr als zehn Grad Celsius differieren. Diese relativ schmale Zone nennen Meteorologen „Polarfront".

Großräumige Faktoren:

Wie ein **Hoch** das Wetter prägt

I. Die **Azoren bringen Sonne**

Ausgangspunkt einer Schönwetterlage in Mitteleuropa ist oft ein Hoch über den Azoren: Dort strömt Luft aus der Höhe nach unten, erwärmt dabei, wodurch sich Wolken auflösen. Dem Hoch steht nicht selten ein Tief im Norden gegenüber

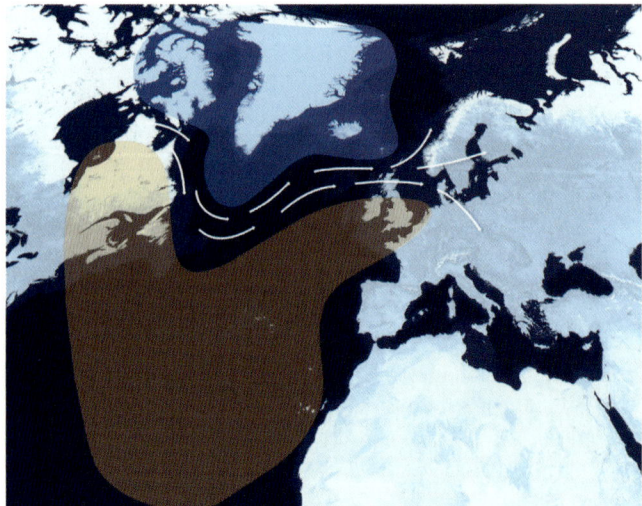

II. Das **schlechte Wetter muss weichen**

Unter günstigen Umständen dehnt sich ein Hochdruckkeil bis nach Westeuropa aus und drängt das Tief zugleich polwärts ab, sodass nur nördliche Regionen wie Skandinavien von dessen regenbringenden Fronten betroffen sind

Die Polarfront markiert keine feste Grenze: Vielmehr zittert sie hin und her, wird schmaler oder breiter, schlägt Falten, bildet Schleifen, die sich teils über Tausende Kilometer nach Norden oder Süden ziehen. An ihren Biegungen und Verengungen können sich (infolge höchst komplizierter Strömungsverhältnisse) Luftwirbel bilden – und diese Wirbel sind genau jene Hoch- und Tiefdruckgebiete, die mit den vorherrschenden Westwinden ziehen und, wenn sie über dem Nordatlantik auftauchen, wenige Tage später über Deutschland hinwegziehen.

Generell gilt: In den Hochdruckwirbeln strömt die Luft aus höheren Schichten in Richtung Boden. Weil sich Luft beim Absinken erwärmt und dabei alle Wolken verdampfen, bringen Hochdruckgebiete gewöhnlich klares, sonniges Wetter mit sich.

Die Tiefdruckgebiete funktionieren genau gegenläufig: Wie Staubsauger ziehen sie bodennahe Luft zu sich heran (siehe Seite 38). Dabei steigen Gasmassen empor und kühlen ab, wobei der darin enthaltene Wasserdampf zu winzigen Tröpfchen kondensiert: Wolken entstehen, die früher oder später abregnen. So sorgen Tiefdruckwirbel für das bei uns nicht gerade seltene Schmuddelwetter.

Besonders im Herbst, wenn das Meer noch warm ist, die Arktis aber bereits eisig kalt, sorgt das starke Temperaturgefälle an der Polarfront für heftige Tiefs. Mit hoher Geschwindigkeit schießt Luft an diesen Strudeln entlang – nicht selten bilden sich dadurch orkanartige Stürme, die über Deutschland hinwegfegen, Bäume entwurzeln, Dächer abdecken.

Bekannt ist in unseren Breiten besonders eine Serie immer neuer Tiefdruckgebiete, die stets über Island entstehen – und sich dann recht schnell nach Osten verlagern.

Dem stehen rund 3000 Kilometer weiter südlich im Atlantik jene Hochdruckgebiete gegenüber, die nahezu das ganze Jahre über im weiten Umfeld einer Gruppe kleiner Vulkaninseln anzutreffen sind – aus dem Wetterbericht als „Azorenhoch" vertraut.

Selbst ein

WALD in der

Nähe einer

STADT kann die

Luft zum

ZIRKULIEREN

bringen

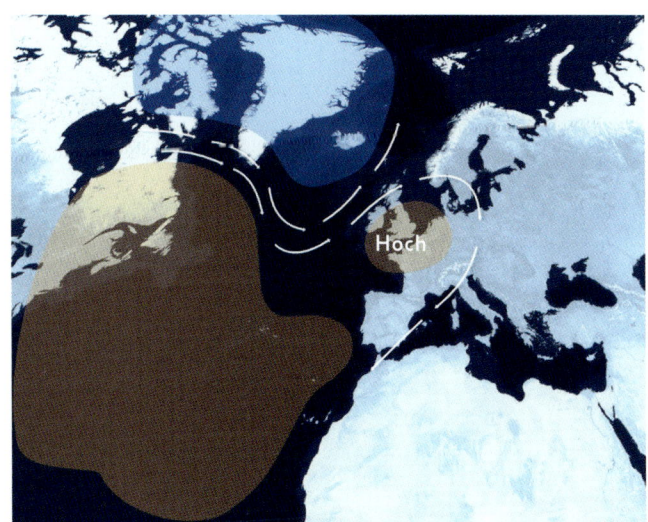

III. Wolkenfreier **Himmel und Windstille**

Wenn sich der Hochdruckkeil abschnürt und ein eigenes kleines Hoch bildet, kann sich dieses über der Nordsee festsetzen und Deutschland für einige Tage freundliches Wetter bescheren, mit wenig Wind und kaum Regen

IV. Die **Temperatur steigt**

Wächst sich das kleine Gebilde zu einem kräftigen Hoch mit Zentrum über Skandinavien aus, ist schönes Wetter für längere Zeit möglich. Die stabilen Hochdruckgebiete blockieren dann die Tiefs, die vom Atlantik heranrücken

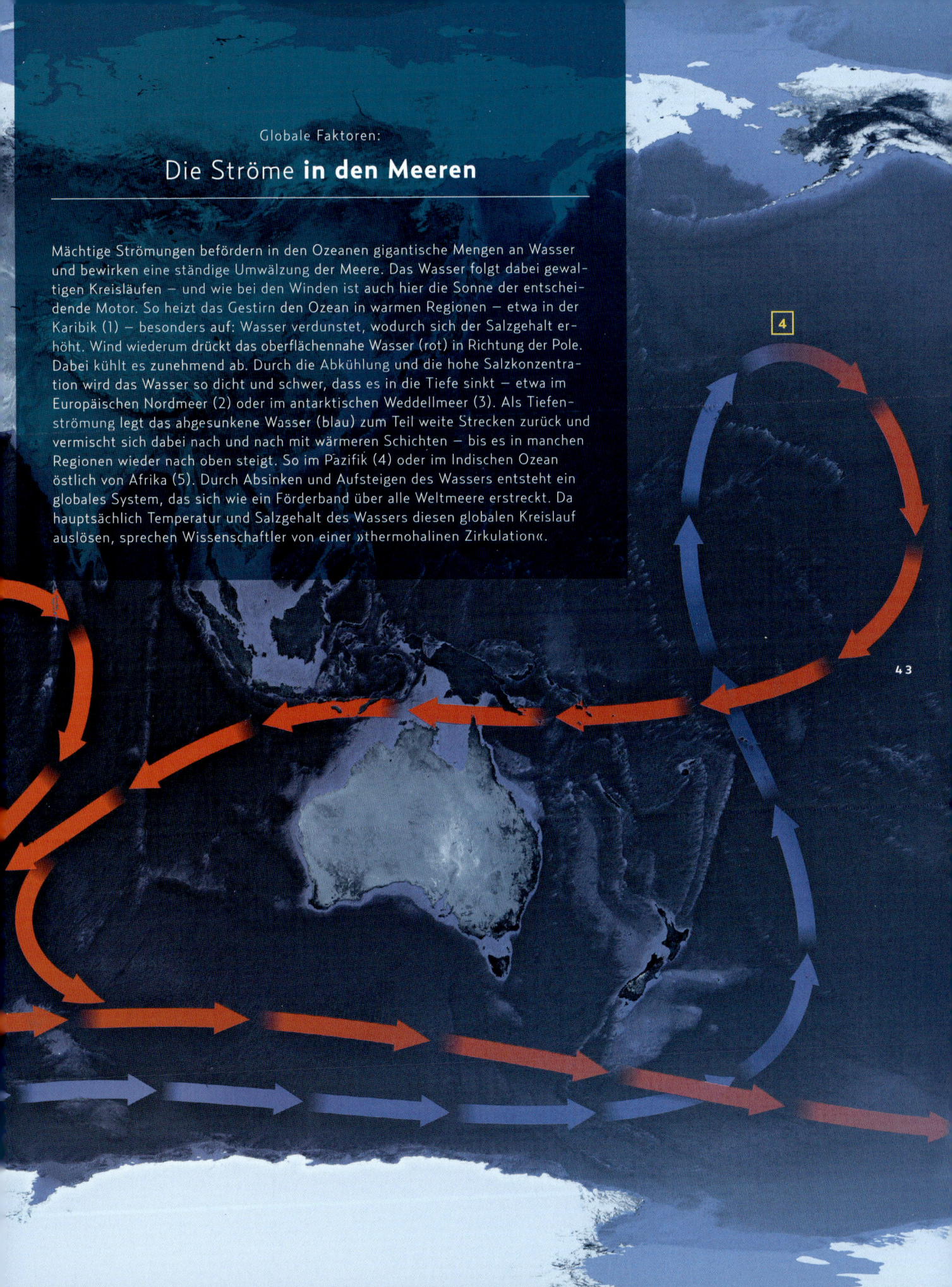

Die Ströme **in den Meeren**

Mächtige Strömungen befördern in den Ozeanen gigantische Mengen an Wasser und bewirken eine ständige Umwälzung der Meere. Das Wasser folgt dabei gewaltigen Kreisläufen – und wie bei den Winden ist auch hier die Sonne der entscheidende Motor. So heizt das Gestirn den Ozean in warmen Regionen – etwa in der Karibik (1) – besonders auf: Wasser verdunstet, wodurch sich der Salzgehalt erhöht. Wind wiederum drückt das oberflächennahe Wasser (rot) in Richtung der Pole. Dabei kühlt es zunehmend ab. Durch die Abkühlung und die hohe Salzkonzentration wird das Wasser so dicht und schwer, dass es in die Tiefe sinkt – etwa im Europäischen Nordmeer (2) oder im antarktischen Weddellmeer (3). Als Tiefenströmung legt das abgesunkene Wasser (blau) zum Teil weite Strecken zurück und vermischt sich dabei nach und nach mit wärmeren Schichten – bis es in manchen Regionen wieder nach oben steigt. So im Pazifik (4) oder im Indischen Ozean östlich von Afrika (5). Durch Absinken und Aufsteigen des Wassers entsteht ein globales System, das sich wie ein Förderband über alle Weltmeere erstreckt. Da hauptsächlich Temperatur und Salzgehalt des Wassers diesen globalen Kreislauf auslösen, sprechen Wissenschaftler von einer »thermohalinen Zirkulation«.

43

Lokale Faktoren:

Wenn die **Luft aufsteigt**

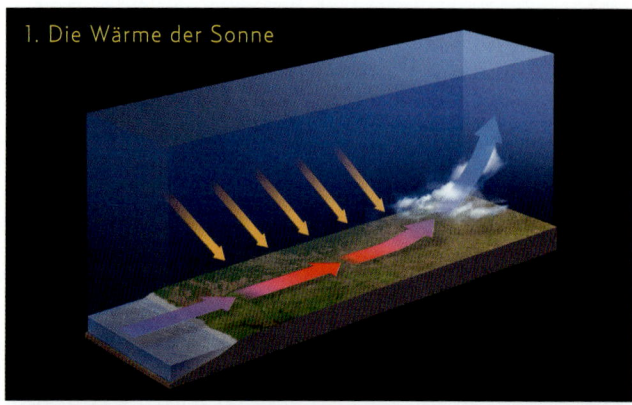

1. Die Wärme der Sonne

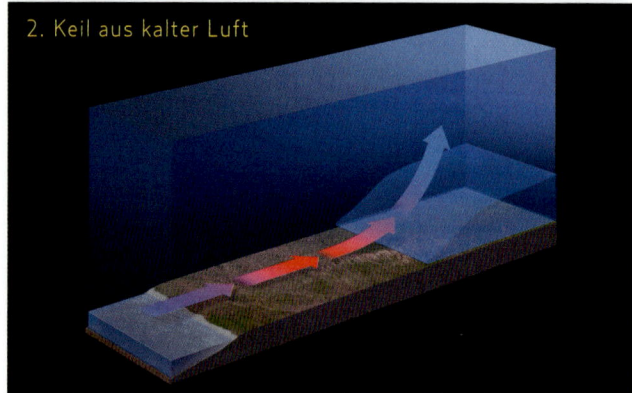

2. Keil aus kalter Luft

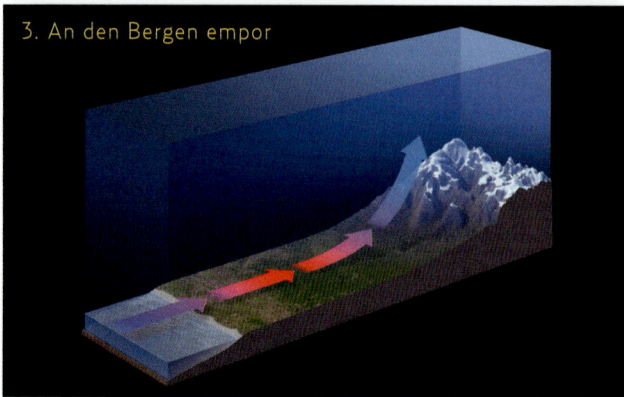

3. An den Bergen empor

So können sich **Wolken bilden**

Wenn Luft aufsteigt und abkühlt, kann der Wasserdampf, den sie etwa über dem Meer aufgenommen hat, zu kleinen Tröpfchen kondensieren und Wolken bilden. Wird Luft von der Sonne stark erwärmt und dabei leichter, steigt sie mitunter direkt von der Oberfläche empor (1). Oft tragen jedoch weitere Faktoren dazu bei: etwa wenn wärmere Luft an einer Kaltluftschicht in die Höhe gleitet (2) oder ein Gebirge die Strömung nach oben ablenkt (3). Sind die Tröpfchen in den Wolken schwer genug, fallen sie zu Boden: als Regen.

Je höher der Druckunterschied zwischen Islandtief und Azorenhoch ist (je stärker sich also das Hoch im Süden und das Tief im Norden ausprägen), desto stärker wehen die Westwinde – und tragen feuchte Meeresluft und schnell wechselnde Wetterlagen nach Mitteleuropa. Das sorgt hierzulande oft für verregnete Sommer und matschige Winter.

Schwächeln die großen Luftdruckgebiete jedoch, flaut der Westwind ab und verlagert sich nach Süden, in den Mittelmeerbereich. Mitunter kann sich der Luftstrom in Mitteleuropa sogar umkehren – dann wird Deutschlands Wetter von der kontinentalen Luft aus dem Osten geprägt. Im Winter beschert uns so ein Einbruch extreme Kälte, im Sommer dagegen sorgt eine derartige Wetterlage meist für hohe Temperaturen und wenig Niederschläge.

Die Luft aus dem Osten ist im Sommer warm oder sogar heiß, doch im Winter kalt. Dieser scheinbare Widerspruch erklärt sich dadurch, dass sich Landflächen schneller aufheizen als die Meere, aber auch stärker wieder auskühlen. Das kontinentale Klima, das fernab der Küsten regiert, zeichnet sich daher durch starke Temperaturschwankungen übers Jahr aus. So ist der Monat Juli in der russischen Stadt Nowosibirsk im Durchschnitt etwas wärmer als in Deutschland – die mittlere Januartemperatur jedoch beträgt eisige 17 Grad unter null.

In Ansätzen macht sich der kontinentale Einfluss bereits im Osten Deutschlands bemerkbar: Er ist einer der Gründe dafür, weshalb in Berlin keine Palmen gedeihen.

II. LOKALE FAKTOREN

Weshalb Berge reichlich Regen bringen und ein Wald für Stadtwind sorgt

Der wichtigste geografische Faktor, der das lokale Wetter prägt, ist die Entfernung vom Wasser – sei es das offene Meer oder ein ausgedehntes Binnengewässer.

Denn der Ozean oder auch ein sehr großer See puffert die Temperaturschwankungen der Luft ab: Er heizt sich im Sommer nur langsam auf und gibt die gespeicherte Wärme im Winter ebenso langsam wieder ab. Daher sind die Winter im Westen Deutschlands wegen der nahen Nordsee tendenziell milder als weiter im Osten, die Sommer dagegen einen Hauch kühler.

Zugleich beeinflusst die ausgedehnte Wasserfläche das Wetter vor Ort durch jenen Wind, den sie selbst hervorbringt.

Dieser Seewind entsteht durch das Temperaturgefälle zwischen Wasser und Land im Laufe des Tages: Bei Sonnenschein erwärmt sich die Küste stärker als das Meer, sodass hier Luft aufsteigt, über dem kühleren Wasser hingegen absinkt.

So bildet sich eine Zirkulation, bei der an der Oberfläche Luft in Richtung Land zieht und in einiger Höhe wieder aufs Meer hinaus (siehe Illustration rechts).

Daher weht an schönen Tagen oft ein frisches Lüftchen aus Richtung der See am Nord- und Ostseestrand. Nachts kehrt sich die Windrichtung um, weil nun das Land kälter ist als das Wasser.

Von großer Bedeutung ist auch die Ausrichtung der Landmassen gegenüber den vorherrschenden Winden – in Deutschland also von West nach Ost.

So herrscht in Schleswig-Holstein typisches Seeklima, während in Vorpommern der kontinentale Einfluss schon deutlich stärker ist. Die vielen Sonnenstunden verdankt die dortige Ostseeküste zudem der stabilen Luftschichtung über dem Binnenmeer, das wegen seiner nördlichen Lage noch im Frühsommer kühl ist. Die ebenfalls relativ kalte Luft über dem Wasser bleibt meist nahe an der Oberfläche, statt in größere Höhen zu gelangen, wo sich die enthaltene Feuchtigkeit zu Wolken versammeln könnte – der Himmel bleibt blau.

Im Mittel ist die Luft im norddeutschen Tiefland trockener, je weiter Atlantik und Nordsee entfernt sind. Denn auf dem Weg regnet die feuchte Seeluft ab. Für den Osten bedeutet das: weniger Wolken, weniger Regen.

Rund um Berlin sind die Niederschläge so spärlich, dass es dort Dornsavanne gäbe – wäre es dazu noch ähnlich heiß wie in den Tropen. Da die Temperaturen im Jahresdurchschnitt allerdings unter zehn Grad Celsius liegen und daher nicht viel Wasser verdunstet, reicht der wenige Regen aus, um die Wälder Mecklenburgs und Brandenburgs gedeihen zu lassen und die vielen Seen zu erhalten.

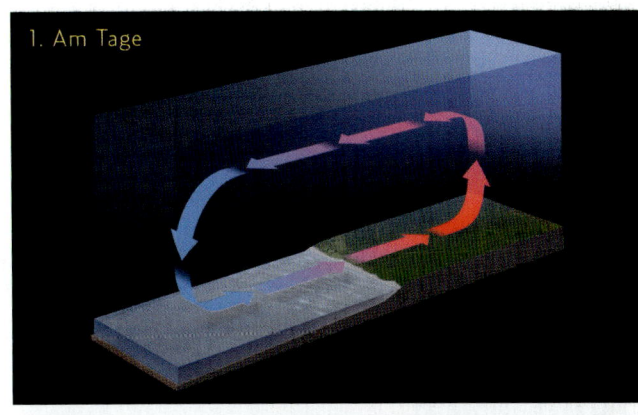

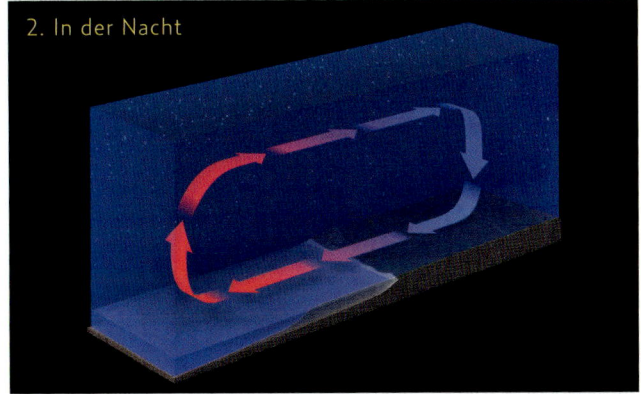

Eine frische **Meeresbrise**

In küstennahen Gebieten weht der Wind an warmen Tagen zumeist vom Meer aufs Land (1), nachts dagegen in umgekehrter Richtung (2). Der Grund dafür: Tagsüber heizt die Sonne die Luft über dem Erdboden stärker auf als über dem Wasser, über Land steigt sie also auf. In der Höhe bewegt sich die Warmluft Richtung Meer, während an der Oberfläche kühle Luft vom Meer auf die Küste strömt — ein Kreislauf entsteht. Nachts kehrt sich dieser Vorgang um, weil das Land rascher auskühlt als der Ozean.

Gebirge hingegen sind wahre Niederschlagsmagneten, was sich im Alpenvorland, aber auch in Mittelgebirgen wie dem Thüringer Wald bemerkbar macht. Strömt mit Wasserdampf beladene Luft gegen Berge, muss sie nach oben ausweichen. Beim Aufsteigen nimmt ihre Temperatur ab, der Dampf kondensiert. Wie aus dem Nichts tauchen Wolken auf, die alsbald ihre Regenfracht ablassen.

In Alpennähe weht die Luft nicht selten von Nordwesten nach Südosten und staut sich an den Bergen. Wolken bilden sich, die im Vorland und an den noch in Deutschland gelegenen Hängen zum Teil abregnen – was erklärt, weshalb es in Ruhpolding so oft nieselt.

Im Regenschatten liegt dagegen die windabgewandte Seite eines Berges. In Bernburg an der Saale etwa fällt deshalb

Globale Faktoren:

Der Golfstrom – **mehr Wärme für Europa**

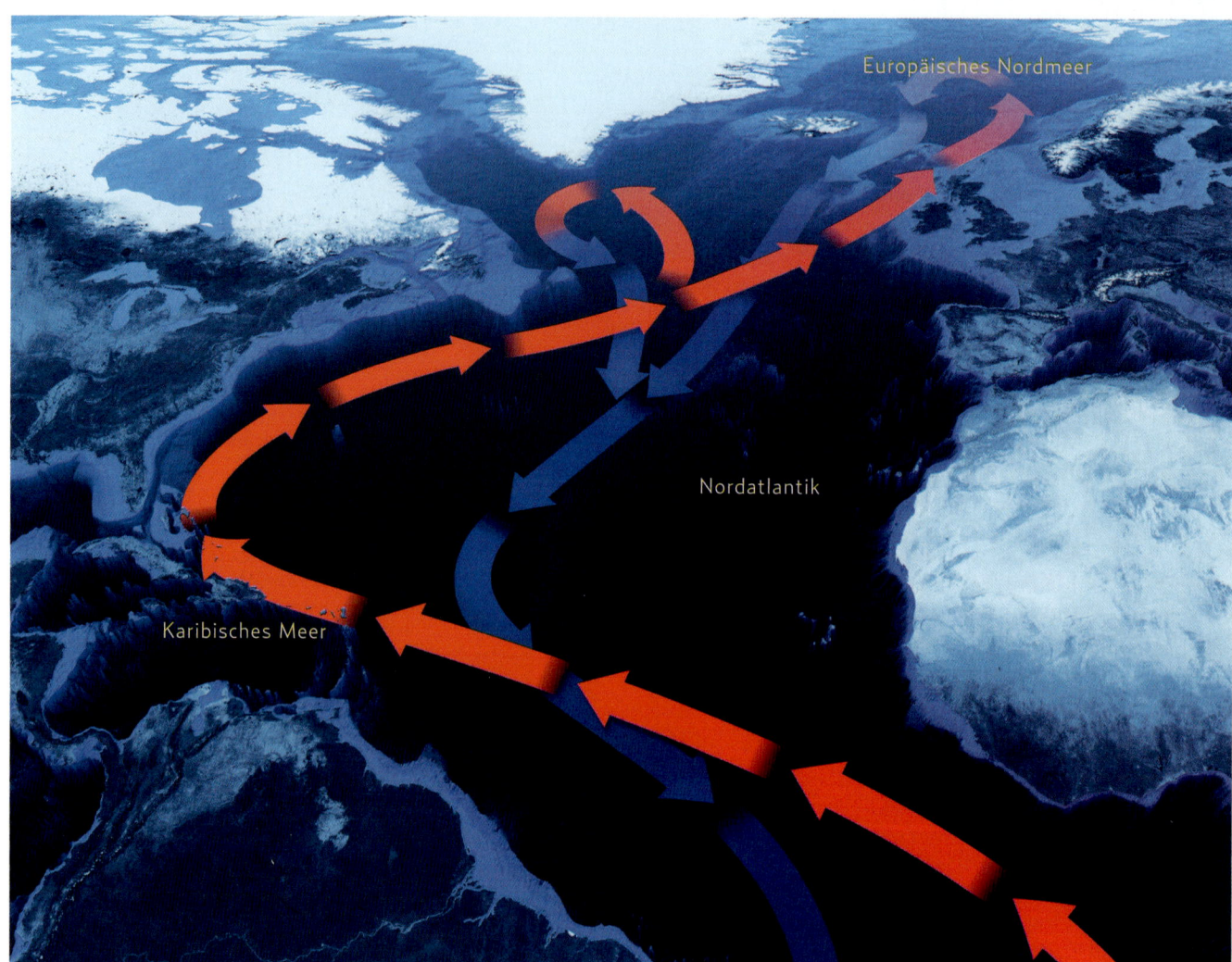

Wie uns die Karibik **mildes Klima** beschert

Dass es in Mitteleuropa nicht viel kälter ist, verdanken wir unter anderem auch dem Golfstrom – einer durch mächtige Winde und die globale maritime Zirkulation angetriebenen Meeresströmung, die von tropischer Hitze erwärmtes Wasser von Florida quer über den Atlantik vorbei an den Britischen Inseln bis ins Europäische Nordmeer verfrachtet.

Der Golfstrom ist zwischen 100 und 200 Kilometer breit, rund 1000 Meter tief und zieht sich über 2500 Kilometer von der Südostküste der USA bis südlich von Neufundland. Ein erheblicher Teil seiner Wärme gelangt von dort mit dem Nordatlantikstrom nach Europa und hält beispielsweise die Westküste Norwegens zwischen Bergen und dem Nordkap das gesamte Jahr über eisfrei, versorgt dazu Nordwesteuropa mit milden Temperaturen.

Die Folge: Im Jahresmittel ist es dort bis zu zehn Grad Celsius wärmer als auf gleichen Breitengraden anderswo auf der Welt — Hamburg zum Beispiel liegt beinahe auf Höhe der Südspitze Alaskas.

Mit einer Leistung von mehr als einer Milliarde Megawatt transportiert der Golfstrom Wärme in den nordatlantischen Raum. Das entspricht ungefähr 50-mal dem Energieverbrauch der gesamten Menschheit. Doch neueste Untersuchungen kommen zu dem Schluss, dass die gewaltige Strömung an Kraft verloren hat, offenbar aufgrund des Klimawandels (siehe Seite 94). Demnach ist der Transport warmen Golfstrom-Wassers in einen Teil des Nordatlantiks seit Mitte des 20. Jahrhunderts bereits um 15 Prozent schwächer geworden und wird infolge noch kommender klimatischer Veränderungen höchstwahrscheinlich weiter einbüßen.

Nicht ausgeschlossen, dass das maritime Wärmeband irgendwann gar ganz kollabiert — mit dramatischen Folgen für das Klima in Europa.

so wenig Regen, weil sich die Wolken an der Westseite des Harzes stauen und abregnen. Östlich des Mittelgebirges, wo Bernburg liegt, ist das Wetter daher weitgehend trocken. Etwas weiter südlich profitiert davon etwa die Saale-Unstrut-Region, eines der am nördlichsten gelegenen Weinbaugebiete unseres Planeten.

Strömt der Wind hingegen von Süden gegen die Alpen, können zur Abwechslung Südtirol und das Tessin unter Regenwetter leiden. Unter bestimmten Bedingungen sorgt dann der Föhn auf der Nordseite für hohe Temperaturen und bei manchen Menschen für Kopfweh (siehe Seite 56).

Der Föhn ist ein warmer Fallwind, der entsteht, wenn im Süden der Alpen aufgestaute Gasmassen schließlich die Bergkämme erreichen und dadurch auf der anderen Seite Luft ins Tal schießt.

Während sie absinkt, heizt sich die Luft um etwa ein Grad Celsius pro 100 Meter Absinken auf, sodass in dem Alpenvorland selbst im Winter mitunter Temperaturen von mehr als 20 Grad herrschen. Zugleich verdunsten beim Absinken sämtliche Wolken, weshalb sich Föhnlagen durch eine geradezu unwirklich klare Fernsicht auszeichnen.

Auch menschliche Siedlungen beeinflussen das lokale Klima. Denn Städte heizen sich im Sommer deutlich stärker auf als das Umland, die Temperaturen liegen je nach Größe einer Stadt und den Wetterbedingungen um bis zu zehn Grad Celsius über denen in der Umgebung. Dieses Phänomen bezeichnen Fachleute als „städtische Wärmeinsel".

Die urbane Hitze entsteht unter anderem dadurch, dass Gebäude den Wind abbremsen und dass Verkehr und Industrie viel Wärme erzeugen.

Der wichtigste Unterschied aber liegt in der fehlenden Vegetation: Beton und Asphalt heizen sich tagsüber sehr stark auf und geben die gespeicherte Wärme nachts ab, sodass Sommernächte in der Stadt oft ausgesprochen stickig sein können. Grünflächen üben dagegen eine kühlende Wirkung aus.

Die Ursache dafür ist ein Mechanismus, der jenem gleicht, mit dem der menschliche Körper seine Temperatur reguliert: Die Pflanzen schwitzen gewissermaßen. Durch Spaltöffnungen in den Blättern verdunsten sie tagsüber Flüssigkeit.

Da relativ viel Energie erforderlich ist, um Wasser vom flüssigen in den gasförmigen Zustand zu versetzen, entziehen sie ihrer Umgebung dabei Wärme. Als Folge kühlt sich die Luft über Wäldern, aber auch über Wiesen und Feldern ab.

Mehrere Hundert Liter Wasser kann ein großer freistehender Baum im Sommer an einem Tag verdunsten, wodurch sich die unmittelbare Umgebung spürbar abkühlt – immerhin um einstellige Gradwerte. Der Schatten, den Bäume spenden, sorgt ebenfalls für Kühlung.

Grenzt eine Stadt unmittelbar an ein Waldgebiet, kann eine lokale Umwälzungsmaschine in Gang kommen: Der Temperaturunterschied zwischen dem Grün und der Siedlung bringt die Luft zum Zirkulieren, vor allem nachts, wenn die Differenz am größten ist.

Über der Stadt steigt dann warme Luft auf, wodurch kältere Luft aus der Umgebung angesaugt wird. Selbst ein bewaldeter Park entfacht einen messbaren Effekt: So senkt der Berliner Tiergarten noch in mehreren Hundert Metern Entfernung die Temperaturen merklich.

Wind oder Wolken, Regen oder Sonnenschein: Jede Region ist eingebettet in ein hochkomplexes großräumiges Wettergeschehen – und sie beeinflusst durch ihre Topografie, durch ihre Lage, durch Städte, Bäume, Seen, Ebenen oder Berge ihr lokales Wetter und Klima auch ein Stück weit selbst.

Als wäre das Geschehen der Atmosphäre nicht chaotisch genug, macht gerade diese Überlagerung der erdumspannenden Vorgänge mit den Gegebenheiten vor Ort das Wetter erst recht zu einem überaus vielschichtigen Phänomen.

Kein Wunder also, dass unser mitteleuropäisches Wetter scheinbar voller Widersprüche steckt. Am Alpenrand etwa, wo es mehr regnet als an der Nordseeküste, scheint zugleich häufiger die Sonne als hinter dem Deich.

Und die an eher trockene Sommer gewöhnten Berliner erlebten im Juni 2017 eine wahre Sintflut, als binnen 24 Stunden so viel Regen fiel wie in Bernburg an der Saale mitunter in sechs Monaten.

Und so sorgen nicht zuletzt unerwartete Ereignisse wie dieses dafür, dass das Wetter trotz immer genauerer Rechenmodelle und Prognosen vor allem eines bleibt: voller Überraschungen. ●

DIE LUFTIGEN
REGENMACHER

CHAOS
Die Vorgänge
im Inneren von
Wolken sind
so turbulent und
komplex, dass
sie nur schwer
vorherzusehen
sind

Sie speichern Wärme, transportieren
Feuchtigkeit, werfen Sonnenstrahlen
zurück ins All: **Wolken beeinflussen
das Wetter maßgeblich.**
Und doch bergen die fluffigen
Gebilde immer noch zahlreiche
verblüffende Geheimnisse

UNHEILVOLLE VORBOTEN
Beutelförmige Ausstülpungen an Wolken
entstehen etwa durch heftige Winde und künden
oft schwere Gewitter an

WASSERSPEICHER
Kumuluswolken sind
riesige Reservoire: Selbst
kleinere enthalten nicht
weniger als 200 Tonnen
Flüssigkeit

TEXT: JÜRGEN BISCHOFF,
ANDREAS WEBER
UND SEBASTIAN WITTE

49

S

Sie bilden sich unversehens – und können sich rasch wieder auflösen. Mal erscheinen sie wie geballte Watte, mal wie Meereswellen oder wie zarte Gazeschleier. Mal sind sie von gewittrigem Schwarz, von bläulichem Grau oder sie strahlen blendend weiß. Manche von ihnen bestehen aus winzigen Tröpfchen, andere aus Eis.

Wolken sind dynamische, vielgestaltige Gebilde, die das Bild unseres Planeten maßgeblich prägen. Mehr als 50 Prozent der Erdoberfläche sind ständig von Wolken beschattet, die sich mal knapp über dem Boden, mal in zwei, fünf oder gar 18 Kilometer Höhe befinden. Auf diese Weise zirkulieren in der Atmosphäre (auch aus Dampf) rund 13 Billionen Tonnen Wasser – das entspricht etwa dem 270-fachen Volumen des Bodensees.

Alle zehn Tage wird die verdunstete Flüssigkeit am Himmel einmal komplett ausgetauscht. Eine grobe Schätzung hat ergeben, dass eine einzige kleinere Kumuluswolke (siehe Seite 50), die einen Quadratkilometer überdeckt und einen halben Kilometer hoch ist, rund 200 Tonnen Wasser enthält.

Aber wann und wo genau sich Wolken bilden und wie lange sie bestehen bleiben, haben die Forscher bisher nur in Ansätzen verstanden – wie so viele andere Details der Wolkenphysik und der Wolkenchemie. Obwohl die Menschen bereits seit Jahrtausenden versuchen, die Geheimnisse und Bedeutungen der Wolken zu ergründen, sind die luftigen Gebilde bis heute die größten Unbekannten im irdischen Wettertheater.

Dabei haben sie für das Leben auf der Erde zwei grundlegend wichtige Funktionen. Zum einen spielen Wolken eine entscheidende Rolle im weltweiten Wasserkreislauf. Sie enthalten jene Feuchtigkeit, die aus Meeren, Flüssen, Seen und Wäldern verdunstet, transportieren sie

GEWITTERZELLE
Manche Wolken geraten in Rotation
und bergen so viel Energie, dass diese
sich in Form von Blitzen entlädt

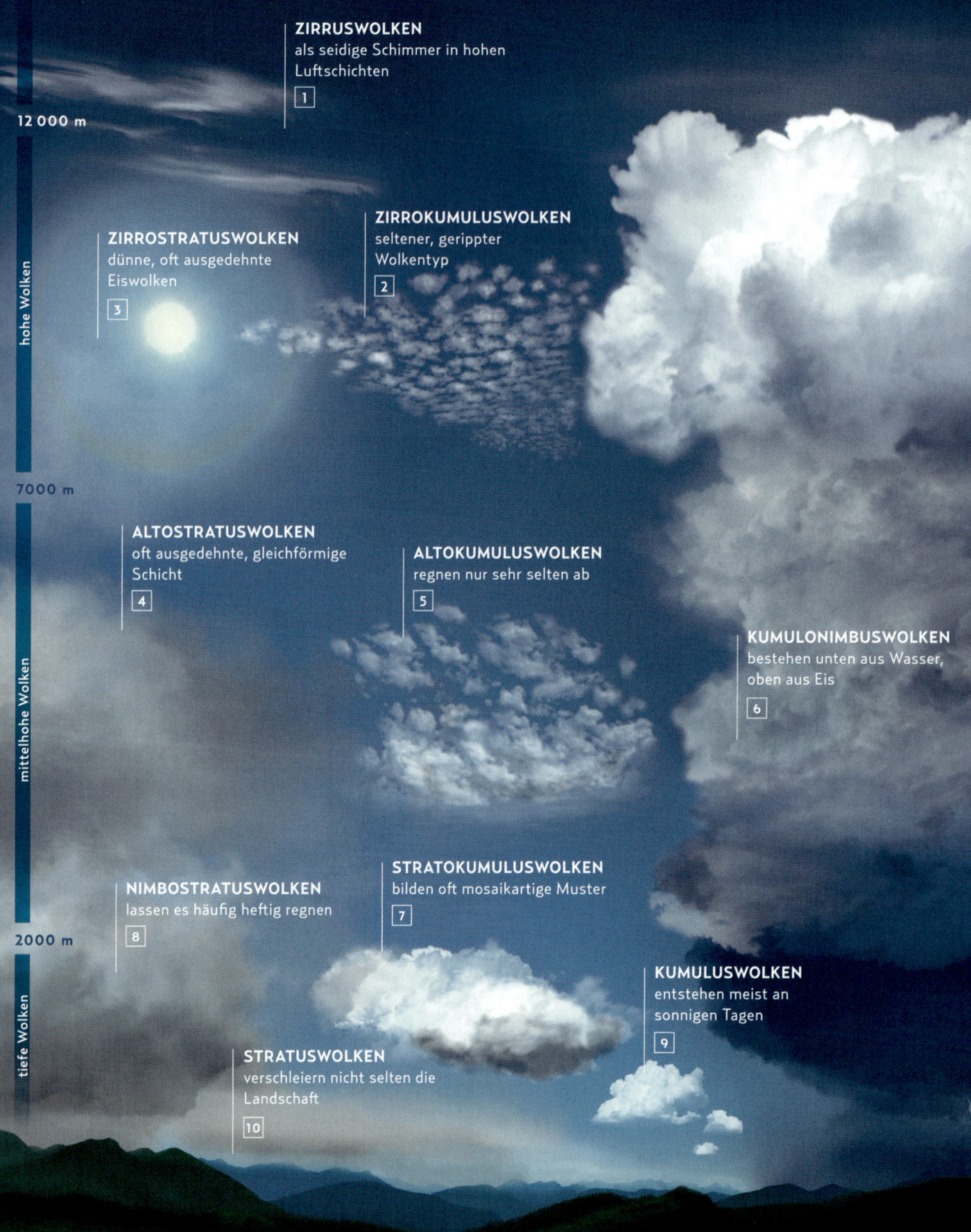

ZIRRUSWOLKEN
als seidige Schimmer in hohen
Luftschichten

1

12 000 m

ZIRROSTRATUSWOLKEN
dünne, oft ausgedehnte
Eiswolken

3

ZIRROKUMULUSWOLKEN
seltener, gerippter
Wolkentyp

2

hohe Wolken

7000 m

ALTOSTRATUSWOLKEN
oft ausgedehnte, gleichförmige
Schicht

4

ALTOKUMULUSWOLKEN
regnen nur sehr selten ab

5

KUMULONIMBUSWOLKEN
bestehen unten aus Wasser,
oben aus Eis

6

mittelhohe Wolken

STRATOKUMULUSWOLKEN
bilden oft mosaikartige Muster

7

NIMBOSTRATUSWOLKEN
lassen es häufig heftig regnen

8

2000 m

KUMULUSWOLKEN
entstehen meist an
sonnigen Tagen

9

tiefe Wolken

STRATUSWOLKEN
verschleiern nicht selten die
Landschaft

10

Von Altostratus bis Zirrus

Wolken lassen sich verschiedenen Typen zuordnen,
manche sind Schönwetterboten, andere künden von Regen

1 ZIRRUSWOLKEN
Starke Höhenwinde lassen die leuchtend weißen Fasern entstehen,
die meist vor Tiefdruckgebieten auftauchen

2 ZIRROKUMULUSWOLKEN
Die aus Eiskristallen bestehenden, feinkörnigen Strukturen schweben
in großer Höhe. Im Sommer können sie Gewittervorboten sein

3 ZIRROSTRATUSWOLKEN
Zarte, flächige Schleier aus Eis, die den ganzen Himmel überspannen
können und einen Ring aus Licht um die Sonne hervorrufen

4 ALTOSTRATUSWOLKEN
Blaugraue, oft sehr ausgedehnte Schichtwolken aus Wassertröpfchen
und Eiskristallen, aus denen es nieseln oder auch graupeln kann

5 ALTOKUMULUSWOLKEN
Auch »Schäfchenwolken« genannt; die Felder mit regelmäßigen Flecken
oder Walzen entstehen etwa durch stärkere Winde in mittlerer Höhe

6 KUMULONIMBUSWOLKEN
Bis zu mehrere Kilometer hohe Wolkentürme, aus denen Regen,
Schnee oder Hagel fällt. Mitunter bilden sich auch heftige Gewitter

7 STRATOKUMULUSWOLKEN
Die grau-weißlichen Gebilde stellen hierzulande die häufigste
Wolkenart – sie regnen nur selten ab und deuten im Winter
auf Wetterbesserung

8 NIMBOSTRATUSWOLKEN
Verdunkeln den Himmel und lassen es kräftig regnen – oft stundenlang. Mitunter bringen die grauen Gebilde auch Schnee oder Hagel

9 KUMULUSWOLKEN
Scharf konturierte Quellwolken, die von schönem Wetter künden –
flache schattige Unterseite, darüber leuchtende Rundungen

10 STRATUSWOLKEN
Sehr niedrig hängende Schicht oder Schwaden, in die mitunter
hohe Gebäude hineinragen. Oft versprühen sie Nieselregen

über große Entfernungen, lassen sie andernorts wieder abregnen und verteilen
so das Leben spendende Nass.

Zum anderen übernehmen die Wolken einen wichtigen Part bei der Wärme-
verteilung auf dem Planeten. Wasserdampf, der Grundstoff einer jeden Wolke,
nimmt beim Aufsteigen Wärmeenergie
aus Bodennähe mit in die Atmosphäre
und verteilt sie rund um den Globus.

OFT BEGINNEN REGENTROPFEN IHREN FALL ZU BODEN ALS EISKRISTALLE

Und während einige Wolken aufgrund ihrer Charakteristik dafür sorgen,
dass die Welt unter ihnen schattig und
folglich kühler wird, tun andere das genaue Gegenteil: Sie verhindern ein Entweichen der von der Erdoberfläche aufsteigenden Wärme in das All.

Doch die Vorgänge in ihrem Inneren
sind chaotisch, schwer zu beobachten und
noch schwerer vorauszuberechnen. Um
die flüchtigen Erscheinungen wenigstens
der Form und dem Charakter nach fest-
halten zu können, werden sie gemäß einer Definition der World Meteorological
Organization nach ihrer Höhe eingeteilt.

In den mittleren Breiten, in denen
auch Deutschland liegt, gibt es:

- tiefe Wolken bis 2000 Meter,
- mittelhohe bis 7000 Meter,
- hohe von fünf bis 13 Kilometer Höhe.

Manche dieser Gebilde erstrecken
sich allerdings auch über alle drei Höhen-
bereiche, darunter die Gewitterwolken.

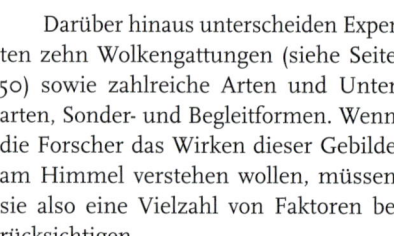

Darüber hinaus unterscheiden Experten zehn Wolkengattungen (siehe Seite 50) sowie zahlreiche Arten und Unterarten, Sonder- und Begleitformen. Wenn die Forscher das Wirken dieser Gebilde am Himmel verstehen wollen, müssen sie also eine Vielzahl von Faktoren berücksichtigen.

D

Die Entstehung einer Wolke verläuft relativ einfach: Wenn Wasser unter der Einwirkung von Wärme verdunstet, steigen dessen Moleküle mit der Luft als Gas auf, als unsichtbarer Wasserdampf – ein Kubikmeter Luft kann bei 20 Grad Celsius rund 17 Gramm Dampf aufnehmen.

Mit zunehmender Höhe aber sinkt der Luftdruck, die feuchte Luft dehnt sich deshalb aus und kühlt sich dabei ab. Je kühler sie wird, desto weniger Wasserdampf vermag sie zu halten und desto mehr Dampf verwandelt sich wieder in

TURBULENZ
In Gewitterwolken gefrieren Wassertröpfchen, laden sich elektrisch auf oder regnen ab

sichtbare Tröpfchen: Das bis dahin unsichtbare Gas kondensiert.

Wolken können also entstehen, wenn zum Beispiel Sonneneinstrahlung Luft erwärmt, die dadurch leichter wird und hochsteigt, oder auch, wenn warme, wasserdampfreiche Luft aufsteigt, etwa an Berghängen.

Damit aber aus gasförmigem Wasserdampf Wolken werden, bedarf es der atmosphärischen Aerosolpartikel; das sind wenige Millionstel bis Tausendstel Millimeter kleine Teilchen in der Luft, an die sich der Wasserdampf anlagern und wieder zu Wasser werden kann. Denn nur so ist es möglich, dass sich die anfangs nur Bruchteile von Millimetern großen Tröpfchen bilden, die dann zusammen als Wolke sichtbar sind.

Die Aerosolpartikel wirken als „Kondensationskeime". Ohne diese schwebenden Partikel würde selbst in zu 100 Prozent wasserdampfgesättigter Luft keine Wolke entstehen. Besonders wirksam für die Entwicklung der weißlichen Gebilde sind leicht lösliche und Wasser anziehende Substanzen wie beispielsweise Meersalz, das mit der Gischt in die Atmosphäre getragen werden kann.

Doch ebenso fördert feiner Bodenstaub, der etwa durch Wüstenstürme in die untere Schicht der Atmosphäre gewirbelt wird, die Bildung von Wolken.

Auch Pilzsporen, Pollen oder Pflanzenabrieb, Mikroorganismen oder Rußpartikel aus industriellen oder natürlichen Verbrennungsprozessen können als Kondensationskeime dienen.

Aufgrund von Höhenwinden und der Turbulenzen, die durch die immer neu von unten aufstrebende Warmluft entstehen, werden die Tröpfchen aus flüssigem Wasser ständig durcheinandergewirbelt.

Dabei kollidieren sie miteinander, fügen sich zusammen und können auf diese Weise größere Tropfen bilden.

Werden sie schließlich so schwer, dass die Luft sie nicht mehr tragen kann, fallen sie als Regen zu Boden.

AUF EINEN BLICK

Entstehung

Kondensiert Wasserdampf an Mikropartikeln wie Staub, wird er zu sichtbaren Wassertröpfchen — zu einer Wolke.

Wasserkreislauf

Die Tröpfchen werden in einer Wolke ständig herumgewirbelt und können größere Tropfen bilden — bis sie als Regen zu Boden fallen.

Wärmetransport

Der aufsteigende Wasserdampf nimmt Wärmeenergie mit in höhere Luftschichten und transportiert sie über den Globus.

Klima

Tiefe, wasserreiche Wolken kühlen die Erde ab, hohe Eiswolken wärmen sie letztendlich eher auf.

In den höheren, kälteren Schichten bestehen die Wolken meist aus Eiskristallen. Ab etwa minus fünf Grad Celsius können Wolkentröpfchen gefrieren, die einstige Wasserwolke wird zu einem Gemisch aus Wasser und Eis. Erst in noch größeren Höhen (bei Temperaturen ab minus 38 Grad) wird sie zur Eiswolke.

Häufig beginnen die Regentropfen ihren Fall zur Erde als Eiskristalle und tauen erst unterwegs auf. Können sie aufgrund von Turbulenzen und starken Aufwinden lange anwachsen, bevor sie den Weg nach unten nehmen, werden sie so groß, dass sie nicht gänzlich schmelzen. Dann erreichen sie die Erde als Hagel.

Wolken transportieren aber nicht nur Wasser über zuweilen weite Strecken — so wie beim sommerlichen Monsun, der die Feuchtigkeit vom Äquator bis an die Hänge des Himalaya trägt. Der Wasserdampf, der

ihnen als Baustoff dient, sorgt auch für weltweiten Wärmeausgleich.

Denn zur Verdunstung bedarf es gewaltiger Energiemengen. Diese Verdunstungsenergie steckt dann in den Wassermolekülen, die zu einem Bestandteil der Luft geworden sind. Deshalb kühlt uns Menschen das Schwitzen: Schweiß, der auf der Haut verdunstet, entzieht dem Körper Wärmeenergie.

Mit der aufsteigenden Luft nimmt der Wasserdampf die Energie in höhere Luftschichten mit und setzt sie, wenn er sich in kühleren Etagen der Lufthülle zu Tröpfchen verflüssigt, wieder frei.

So werden über diesen Prozess von Verdunstung und anschließender Kondensation große Mengen von Energie transportiert, und zwar zunächst von unten nach oben: Die Energie, die dabei aus einem einzigen Gramm Wasser freigesetzt wird, reicht aus, 1000 Gramm Luft um 2,2 Grad Celsius zu erwärmen.

Diese Wärme treibt den Aufstieg der Luft weiter an und verstärkt so noch den Wärmetransport. Weil der Wind den aufsteigenden Wasserdampf in der Atmosphäre verteilt, wird die Wärmeenergie über weite Strecken um den Globus befördert. Auf diese Weise geben die heißen, tropischen Regionen der Erde — etwa die Karibik, die Regenwälder oder der Indische Ozean — durch die Verdunstung von

SONNENSEGEL
Im Schatten von Wolkenbergen sinkt die Temperatur abrupt — die Ungetüme schützen daher vor einer Überhitzung der Atmosphäre

Wasser einen Teil ihrer Wärmeüberschüsse ab (Verdunstungskühlung), der dann mit der Luft in kühlere Gebiete exportiert wird. So versorgen die riesigen Flächen der tropischen und subtropischen Ozeane nicht nur durch die warmen Meeresströmungen, sondern auch über die Atmosphäre Europa mit Fernwärme.

53

W

Wissenschaftler am Center for Clouds, Chemistry and Climate in Kalifornien haben untersucht, ob die Verdunstungskühlung allein ausreicht, um die heißesten Meeresregionen der Erde vor dem Überhitzen zu schützen. Denn lange schon ist bekannt, dass sich die Oberfläche der tropischen Ozeane selten großflächig über lange Zeit auf mehr als etwa 28 Grad Celsius erwärmt, obwohl die Sonne dort Tag für Tag das Wasser aufheizt.

Die Forscher kamen zu dem Ergebnis, dass es nicht die Verdunstungskälte ist, die verhindert, dass die Ozeane in diesen sehr heißen Gegenden regelrecht überhitzen — sondern der Schatten der sich dort bildenden Wolken.

GIGANTEN
Wolken können sich zwölf Kilometer hoch auftürmen, bis zur Stratosphäre

Die Vielfalt der Wolken

Keine Wolke gleicht einer anderen, und ihre Gestalt gibt oftmals Aufschluss darüber,
in welcher Höhe sie schwebt, ob sie aus Eis besteht oder große Regentropfen birgt

ZIRRUSWOLKEN

Häufigster Wolkentyp in höheren Schichten – auch Federwolken genannt

ZIRROSTRATUSWOLKEN

Eiskristallschleier: Sind sie zu sehen, wird es nach spätestens 36 Stunden regnen

ZIRROKUMULUSWOLKEN

Feine Wolken aus Eiskristallen: Ihrem Erscheinen folgt oft ein kräftiges Gewitter

STRATOKUMULUSWOLKEN

Sie bestehen aus Wassertropfen, teils auch Schnee, und zeigen im Winter eine Wetterbesserung an

STRATUSWOLKEN

Die tief hängenden Schwaden deuten im Sommer auf schlechtes Wetter hin

NIMBOSTRATUSWOLKEN

Die finstere Unterseite aus großen Regentropfen lässt kaum Sonnenstrahlen durch

Denn wie ein riesiges Sonnensegel wirft die Bewölkung einen Teil der einfallenden sichtbaren und ultravioletten Sonnenstrahlung zurück in den Weltraum. Im Schatten von Wolkenbergen sinkt die Temperatur daher abrupt; große, dichte Wolken bieten also einen natürlichen Schutz gegen die ungebremste Erhitzung der Erdatmosphäre.

Das gilt jedoch nicht für die ebenfalls weißen, faserigen Zirruswolken, die in großer Höhe schweben. Diese Gebilde bestehen aus dünnen Schichten von Eiskristallen, die den gegenteiligen Effekt haben: Sie lassen viel von dem aus dem All einfallenden Sonnenlicht durch und halten einen Großteil der von der Erde kommenden Wärmestrahlung zurück.

Und das führt zur Erwärmung der Erdoberfläche, nicht zu ihrer Abkühlung.

Mit anderen Worten: Tief hängende, wasserreiche Wolken reflektieren an ihrer Oberseite relativ viel Sonnenlicht – sie kühlen den Globus (wenngleich auch sie die vom Erdboden kommende Wärmestrahlung – allerdings in weit geringerem Ausmaß – zurückhalten). Hohe, fedrige Wolken dagegen lassen Sonnenlicht leichter passieren, aber nur wenig Wärme ins All entkommen; die Erde heizt sich auf.

Aus diesem Grund interessieren sich Wissenschaftler zunehmend für die Frage, ob nicht auch die Kondensstreifen der sehr hoch fliegenden Düsenjets auf das irdische Klima einwirken können. Diese hellen Streifen am Himmel sind nämlich nichts anderes als durch Wasserdampf aus den Triebwerken gebildete Wolken aus Eiskristallen – quasi schockgefroren bei Temperaturen zwischen minus 40 und minus 70 Grad Celsius.

In diesen Höhen ist in der Regel nur noch wenig Wasserdampf in der Luft vorhanden. Doch die Verbrennung eines Kilogramms Kerosin in der Flugzeugturbine

ALTOKUMULUSWOLKEN

Mittelhoch, meist aus Wassertröpfchen bestehend; auf einer
Seite hell, auf der anderen dunkel

ALTOSTRATUSWOLKEN

Mitunter viele Hundert Quadratkilometer weiter gräulicher
Wolkenteppich

KUMULUSWOLKEN

Entstehen sie mittags und lösen
sich abends wieder auf, bleibt
meist das Wetter schön

KUMULONIMBUSWOLKEN

Die quellenden Wolkenberge
der klassischen Gewitterwolken
reichen bis zur Stratosphäre

Mal sehen sie aus wie aufgequollene Wattebäusche, mal ähnelt ihre Gestalt einer ausgefransten Feder oder einem bedrohlichen Ungetüm, dann wieder legen sie sich als flauschige Decke über den Himmel: Wolken sind überaus vielgestaltig, doch Meteorologen haben ein Klassifikationssystem etabliert, nach dem sich die Himmelsgebilde unterscheiden lassen.

Seinen zehn Gattungen lassen sich wiederum vier Höhenlagen zuordnen. In den mittleren Breiten sind das: erstens hohe Wolken (fünf bis 13 Kilometer) – dazu zählen Zirrus-, Zirrostratus- und Zirrokumuluswolken; zweitens mittelhohe Wolken in zwei bis sieben Kilometer Höhe – das sind Altostratus- und Altokumuluswolken; drittens tiefe Wolken, die bis zu zwei Kilometer hoch fliegen – Stratokumulus- und Stratuswolken gehören diesem Typus an; viertens Wolken, die sich über alle Höhenlagen erstrecken können – etwa Nimbostratus-, Kumulus- und Kumulonimbuswolken.

Wer sich ein wenig mit den verschiedenen Typen beschäftigt, wird den alltäglichen Blick gen Himmel völlig neu erleben.

55

erzeugt rund 1,25 Kilogramm Wasserdampf, der mit den Abgasen entweicht – sowie eine größere Menge Rußpartikel, die in der kalten Umgebung sofort als Keime für die künstlichen Eiswolken dienen.

Bislang schreiben viele Forscher diesen maschinell erzeugten Wolken nur einen geringen Einfluss auf das Klima zu. Aber noch ist nicht geklärt, in welchem Ausmaß die Partikel aus den Kondensstreifen möglicherweise die Entstehung zusätzlicher Zirruswolken begünstigen – die dann zur weiteren Erwärmung der unteren Luftschichten beitragen können. Das könnte durchaus unerwünschte Ef-

fekte haben. Denn je wärmer es in der irdischen Lufthülle wird, desto mehr Wasser steigt auch in die Atmosphäre auf – und desto größer wird die Wahrscheinlichkeit für Wetterextreme: Immer mehr Wolkenbrüche, mehr Gewitter und kräftigere Wirbelstürme könnten den Menschen zu schaffen machen. So bilden sich Gewitter unter anderem dann, wenn sehr warme und feuchte, schnell aufsteigende Luft jene riesigen Wolkengebirge entstehen lässt, die nicht selten bis zur oberen Grenzschicht der Troposphäre reichen.

Welche zerstörerische Kraft der von der Erde aufsteigende Wasserdampf ent-

fachen kann, zeigt sich nirgendwo so deutlich wie in den Tropen. – wenn sich in einem Tiefdruckgebiet über dem Meer dichter Dampf zu schweren Tropfen ballt. Und die freigesetzte Wärmeenergie den Luftmassen weiteren Auftrieb verleiht. Ein immer stärkerer Sog entsteht, der noch mehr feuchtwarme Luft anzieht.

Bis sich das Gebilde zu einem Wirbelsturm zusammenbraut. Und damit zur kraftvollsten Wolkenformation des Planeten •

Fachliche Beratung: **PROF. JOACHIM CURTIUS,**
Goethe-Universität Frankfurt am Main.

Nicht wenige glauben körperlich zu spüren, wenn
das Wetter umschlägt, leiden etwa an Müdigkeit oder
Kopfschmerzen. Seit vielen Jahren versuchen Forscher,
die sogenannte Wetterfühligkeit zu ergründen

TEXT: ANJA REUMSCHÜSSEL

ILLUSTRATIONEN: TINA BERNING

WENN ES

ZIEHT

UND

SCHMERZT

Viele Menschen klagen über Konzentrationsschwäche, Unwohlsein oder gar Schwindel – und machen das Wetter dafür verantwortlich. Können Sonnenschein, Regen oder Gewitter wirklich unsere Gesundheit beeinflussen?

D

Die Zeichen scheinen untrüglich und sind quälend: ein Ziehen in längst verheilten Narben, ein Reißen in den Gelenken, plötzliche Kopfschmerzen oder lähmende Müdigkeit.

Manche Menschen meinen, in diesen Beschwerden ein baldiges Unwetter zu erkennen, einen drohenden Kälteeinbruch, ein nahendes Tiefdruckgebiet.

Wofür Meteorologen Satellitenbilder auswerten und Daten von Messstationen abrufen, das glauben die Betroffenen in ihren Gliedern zu spüren.

Mehr noch: Einzelne fühlen sich von bestimmten Wetterkapriolen derart geplagt, dass Müdigkeit, Kopfschmerzen oder Konzentrationsstörungen ihren Alltag unerträglich machen. Kurz: Sie leiden extrem unter ihrer Wetterfühligkeit.

Immerhin jeder zweite Deutsche ist laut einer Umfrage davon überzeugt, dass das Wetter Einfluss auf sein Empfinden hat. Jeder Vierte gibt an, wegen ungünstiger Witterung mindestens einmal im Jahr nicht seiner normalen Tätigkeit nachgehen zu können. Und bei etwa jedem

Fünften führt dies zu Beschwerden, die sogar gefährlich werden können, so bei Rheuma oder Bluthochdruck.

Inzwischen gibt es mehrere Smartphone-Programme, die nach Angaben ihrer Vertreiber das „Biowetter" aufzeigen und warnen, wenn bei bevorstehenden Wetterwechseln mit Schmerzen oder Schlaflosigkeit zu rechnen ist.

Doch haben Sonnenschein, Regenfronten oder Gewitter tatsächlich einen solchen Einfluss auf unsere Gesundheit? Ist es wirklich denkbar, dass manche

Fällt die Temperatur, können Herzkranke unter Brustschmerzen oder Schwindel leiden

58 Menschen ein Unwetter in ihren Gelenken spüren, noch ehe es aufgezogen ist? Oder chronische Schmerzen erleiden, wenn das nächste Tiefdruckgebiet naht?

Seit Jahrzehnten versuchen Forscher, die Reaktionen auf Wetterphänomene wissenschaftlich zu ergründen – ein sehr schwieriges Unterfangen.

Denn beim Wetter handelt es sich um eine komplexe Größe mit vielen Einflussfaktoren, so etwa Temperatur, Windgeschwindigkeit, Luftdruck oder Luftfeuchte. Und auch unser Körper ist ein diffiziles System – das Wetter steht nur für einen von vielen Einflüssen, denen er ausgesetzt ist, neben Ernährung, Stress, Krankheiten oder dem weiblichen Zyklus.

Es ist daher fast unmöglich, einzelne Faktoren isoliert zu betrachten.

So kommt es, dass Studien zur Wirkung des Wetters auf Körper oder Psyche nicht immer eindeutige Schlüsse zulassen. Und dass manche Forscher einen Zusammenhang zwischen einer bestimmten Wettersituation und einem Krankheitsbild finden, andere dagegen nicht.

Immerhin: Einige Aspekte des Phänomens lassen sich durchaus wissenschaftlich erklären, andere scheinen eher in den Bereich der Mythen zu gehören.

Thermokleidung,

HEIZUNGEN,

Luftbefeuchter:

Im MODERNEN

LEBEN

muss sich der

ORGANISMUS

kaum noch anpassen

So sind die meisten Experten davon überzeugt, dass die Sensitivität zumindest in manchen Fällen schlicht auf Einbildung beruht. Mediziner wissen: Leiden Menschen unter unspezifischen Beschwerden, für die Ärzte keine körperlichen Ursachen finden, neigen sie zuweilen dazu, an anderer Stelle nach Erklärungen zu suchen.

Wer dann einen Zusammenhang zwischen seinen Symptomen und dem Wetter herstellt, fühlt sich oft besser – denn es entlastet den Betroffenen, einen vermeintlichen Grund für das schwer fassbare Empfinden erkannt zu haben.

Einer Selbsttäuschung sitzen vermutlich auch jene auf, die rundum gesund sind, aber meinen, bestimmte Wetterereignisse schon im Vorhinein zu spüren. Zumindest haben sich für diese Behauptung bislang keine seriösen wissenschaftlichen Belege oder Erklärungen gefunden.

Als gesichert gilt dagegen, dass das Wetter bei Menschen mit Vorerkrankungen die Symptome bestehender Beschwerden deutlich verstärken kann.

Der Grund: Unser Körper versucht, seine Betriebstemperatur von 37 Grad Celsius unter allen Bedingungen aufrechtzuhalten. Sinkt nun die Umgebungstemperatur aufgrund eines Wetterumschwungs, verengen sich die Gefäße. So erreicht weniger Blut die Gliedmaßen und steht damit den lebenswichtigen Organen im Körperkern zur Verfügung.

Die Folge: Das Herz muss gegen einen stärkeren Widerstand anpumpen, der Blutdruck erhöht sich. Ist der Körper die Kälte nicht gewohnt und wird dies als Stress empfunden, schlägt das Herz schneller. Mitunter verengen sich auch die Herzkranzgefäße. Gerade Menschen mit Herz-Kreislauf-Erkrankungen peinigen daher bei Kälte vermehrt Engegefühle oder Schmerzen in der Brust, Kopfschmerzen oder Schwindel.

Und bei gravierenden Wetterwechseln, etwa einem Temperatursturz, steigt bei Menschen, die unter verengten Arterien leiden (und damit einer verschlechterten Versorgung mit sauerstoffreichem Blut), nachweislich das Risiko für Schlaganfälle und Herzinfarkte.

Bei kaltem Wetter erhöht sich außerdem die Muskelspannung, bei starker Kälte so sehr, dass wir zittern. Das übt Druck auf Gelenke und den Muskelapparat aus.

Menschen mit rheumatischen Erkrankungen, Arthrose und chronischen Rückenleiden klagen gerade bei einem Umschlag zu feuchtem und kaltem Wetter sowie bei kaltfeuchter Witterung vermehrt über Schmerzen.

Wenn sich bei Kälte die Atemwege verengen und die Bronchien verkrampfen, kann damit bei Asthmakranken und Menschen mit chronischer Bronchitis das Risiko für einen Asthmaanfall und andere Atemschwierigkeiten steigen.

An heißen Tagen wiederum weiten sich die Blutgefäße, warmes Blut durchströmt die Haut, um die Hitze aus dem Körper zu leiten. An diesen Tagen leiden Menschen mit niedrigem Blutdruck eher unter Schwindelgefühlen.

Auch Schlaganfälle und Herzinfarkte treten bei Menschen mit koronarer Herzkrankheit an sehr heißen Tagen vermehrt auf. Der Hitzestress führt zur Austrocknung, das Blut wird dickflüssig und strömt dann langsamer durch die Adern – an manchen Stellen kommt es gar zum Blutstau; Thromben können sich formen und bis in das Herz oder ins Gehirn gespült werden, wo sie bedrohliche Verstopfungen bilden.

Meist führt wechselndes Wetter aber nur zu einer Störung der eigenen Befindlichkeit. So verstärkt zum Beispiel hohe Luftfeuchtigkeit die Wirkung der Temperatur. Viele kennen das Phänomen aus dem Urlaub: Während trockene Hitze in einer Sauna selbst bei 90 Grad Celsius noch erträglich ist, können schon 30 Grad in tropischen Ländern bei hoher Luftfeuchtigkeit kaum zu ertragen sein.

Auch gibt es Hinweise darauf, dass sich unspezifische Symptome wie Mattigkeit oder Schlafstörungen bei manchen Menschen durch bestimmte Wetterlagen verschärfen. Im Süden Deutschlands, in Alpennähe, klagen viele über Kopfschmerzen, Gereiztheit und Antriebslosigkeit, wenn bei Föhnlagen trockenwarme Luft von den Bergen in die Täler weht.

Ein Grund dafür könnte sein, dass unser Organismus heutzutage nicht mehr so gut in der Lage ist, sich veränderten Bedingungen rasch anzupassen. Wir arbeiten vornehmlich in Büros, fahren Auto oder Bahn, verbringen den Feierabend auf dem Sofa, gehen aus in Restaurants, Clubs, Theater – halten uns also die meiste Zeit in geschlossenen Räumen auf. Und Thermokleidung, Klimaanlagen, Heizungen, Heizdecken nehmen unserem Körper zusätzlich eine entscheidende Aufgabe ab: flexibel mit der Umgebungstemperatur zurechtzukommen.

Wer sich von Wetterlagen geplagt fühlt, so raten Experten, sollte daher Hitze und Kälte nicht etwa meiden, sondern sich im Gegenteil oft Wind und Wetter aussetzen. Und auf diese Weise die regulatorischen Fähigkeiten des Körpers gezielt stärken – so bei regelmäßigen Spaziergängen in kühler Luft, beim Joggen oder Radfahren. Kneipp-Anwendungen, Saunagänge, Wechselduschen können zusätzlich helfen, die Anpassungsfähigkeit des Körpers zu trainieren.

In manchen Fällen, das zeigen Untersuchungen, sorgen offenbar psychische oder psychosomatische Faktoren für eine gesteigerte Wetterfühligkeit. Wer etwa geradezu Angst hat vor Kälte, Gewitter oder Hitze, der spürt auch eher körperliche Symptome.

Ist zum Beispiel ein Asthmatiker sicher, dass ein Gewitter einen Anfall verursachen kann, atmet er womöglich unbewusst schneller und verkrampft sich. Eine Übererregung ist die Folge, ein Anfall wahrscheinlicher. „Nocebo-Effekt" (von lat. *nocebo*, „ich werde schaden") nennen Forscher dieses Phänomen.

Wer extremeres Wetter fürchtet und in der Folge körperliche Beschwerden entwickelt, könnte von einer Radikalkur profitieren, die der Mannheimer Arzt Dr. Weiss auch Rheumatikern verschreibt. Der Mediziner behandelt Betroffene, indem er sie in eine Kühlkammer schickt – bei minus 80 Grad Celsius.

Es handelt sich dabei um eine Art Desensitivierungs-Training. Der Patient soll allmählich an das gewöhnt werden, was ihm Panik bereitet. Die Teilnehmer erleben: Ich kann Kälte aushalten. Sie schadet mir nicht.

Und tatsächlich: Die Schmerzen bleiben häufig sogar ganz aus ●

59

ANJA REUMSCHÜSSEL, Jg. 1983, ist Wissenschaftsjournalistin in Hamburg. Die Illustratorin TINA BERNING, Jg. 1969, lebt in Berlin.

Wir sollten uns immer mal wieder bewusst Kälte oder Regen aussetzen, raten Mediziner

Sie zählen zu den furchterregendsten Wettererscheinungen des Planeten: Blitze lassen den Himmel förmlich explodieren und sind bis heute eine tödliche Gefahr. Doch obwohl die Riesenfunken seit Jahrhunderten erforscht werden, bergen sie noch immer erstaunliche Rätsel

BLITZE
Die unheimliche Kraft

TEXT: MARTIN PAETSCH

61

Bei Gewittern wie hier über dem Golf von Triest baut sich Spannung zwischen Wolken und Erdboden auf (siehe Seite 69). Ist sie groß genug, rast Strom aus den Wolken durch zunächst nahezu unsichtbare Kanäle und erhitzt sie schlagartig: Ein Hauptblitz leuchtet auf, von dem häufig mehrere kleinere Blitze abgehen

S

Sie sind unberechenbar, angsteinflößend, grell und gewaltig. Mysteriöse Naturphänomene, die Menschen seit je fürchten. Und die jahrtausendelang als übernatürliche Kräfte galten: Schließlich schlagen Blitze oft in Gebäude, Bäume oder andere erhöhte Punkte ein.

Die Griechen glaubten, in dem himmlischen Zucken entlade sich der Zorn des Göttervaters Zeus. Bei den Germanen ließ Thor mit seinem Hammer Mjöllnir die Funken sprühen, während sein Wagen donnernd über die Wolken fuhr. Und in der chinesischen Mythologie war gleich ein ganzes Gremium aus fünf himmlischen Würdenträgern für die Gewitter verantwortlich – den Vorsitz hatte Donnergott Lei Tsu.

Bis in die Neuzeit hinein haben die Menschen in Europa versucht, Gewitter etwa durch Glockenläuten zu vertreiben – doch es half nichts. Im Gegenteil: Da Blitze besonders häufig in Kirchtürme einschlagen, wurden dabei oft die Glöckner zum Opfer. 1784 klagte der bayerische Astronom Johann Nepomuck Fischer, das „leidige Wettergeklingel" habe im Verlauf von 33 Jahren 103 Menschen das Leben gekostet.

Viele Bauwerke traf es gleich mehrmals. So wurde der fast 100 Meter hohe Markusturm in Venedig zwischen 1388 und 1766 mindestens neunmal durch Blitzschlag beschädigt oder zerstört. Dann ließen die Domherren einen Blitzableiter installieren – und seither ist das Wahrzeichen von der Wettergewalt verschont geblieben. Erst diese 1752 von dem Amerikaner Benjamin Franklin erfundene Vorrichtung brachte einen wirksamen Schutz: Dabei lenkt ein Metallstab auf dem Dach einen einschlagenden Blitz über eine Ableitung direkt in den Erdgrund – und bewahrt so Gebäude und Bewohner vor größerem Schaden.

Trotz solcher Vorsichtsmaßnahmen richten Blitze noch immer Zerstörungen an. Sie können Kommunikationsnetze unterbrechen und verursachen immer wieder weiträumige Stromausfälle. Manchmal setzen sie auch empfindliche Elektronik außer Kraft – beispielsweise in Fabriken oder Kraftwerken, wo solche Ausfälle zuweilen katastrophale Auswirkungen haben.

Nicht immer bleibt es bei Sachschäden. Obwohl heute deutlich weniger Menschen im Freien arbeiten als noch vor wenigen Jahrzehnten, sterben jedes Jahr weltweit viele Tausend Menschen am Blitzschlag. Vom Blitz Getroffene können eine Vielzahl von Verletzungen erleiden. Ist der Strom stark, überbrückt er den Körper und fließt an dessen Oberfläche entlang in die Erde. Er versengt die Kleidung, lässt Metallschmuck schmelzen, reißt Schuhe und Socken von den Füßen.

In Deutschland zucken **jedes Jahr** mehr als eine **Million Blitze** durch den Himmel

Manche Opfer werden meterweit durch die Luft geschleudert, sind vorübergehend taub, blind oder gelähmt. Doch schwere Verbrennungen sind selten.

Der größte Teil des Stroms läuft außen am Körper entlang, der Rest aber durch ihn hindurch. Dieser schwächere Strom ist noch immer sehr gefährlich: Er kann zu Herzstillstand oder schweren Gehirnschäden wie einer Lähmung des Atemzentrums führen – und dadurch oft auch zum Exitus. Selbst über mehrere Meter Distanz vermag ein Blitz noch zu töten: etwa durch einen zur Seite zuckenden Lichtbogen.

Auch durch den Boden fließt direkt nach dem Einschlag ein starker Strom nach allen Seiten. Stehen Menschen in Schrittstellung in der Nähe, kann sich zwischen ihren Füßen eine Spannung aufbauen, die einen gefährlichen Stromfluss im Körper nach sich zieht – so können durch einen einzigen Blitz mehrere Personen ums Leben kommen.

Um sich bei einem Gewitter im Freien zu schützen, sollte man sich daher rechtzeitig zum Beispiel unter eine Freileitung oder eine Brücke begeben.

Der Gefahr ganz auszuweichen ist dagegen schwer – denn in vielen Regionen der Erde blitzt es oft. Bis zu 100 Lichtfunken durchzucken pro Sekunde die Atmosphäre. Besonders häufig schlagen sie in Zentralafrika ein. Über Deutschland leuchten jährlich immerhin noch mehr als eine Million Blitze auf. Dagegen bleiben manche Inselgruppen und die Polarregionen weitgehend verschont.

Rund drei Viertel all dieser Lichterscheinungen erreichen ohnehin nicht den Boden, sondern entladen sich in den Wolken. Und solche Energieausbrüche beschränken sich nicht nur auf die niederen Atmosphärenschichten: Auch in großer Höhe gibt es Blitze, wie Forscher auf Videoaufnahmen nachweisen konnten.

Einige davon sehen aus wie blaue Lichtfontänen, andere wie rote Riesenbäume. Wieder andere erscheinen als Leuchtringe und erreichen mehr als 500 Kilometer Durchmesser. Manche der gigantischen Ausbrüche können von der Wolkenoberseite bis zu 70 Kilometer hoch in die Atmosphäre emporwachsen.

Experten vermuten, dass der Ursprung dieser Blitzerscheinungen in weitaus höheren Regionen liegt als bisher angenommen: an der Grenze zum All.

Dort prallen ständig enorm energiereiche (etwa bei Sternexplosionen entstandene) kosmische Partikel auf die Erdatmosphäre, in der sie einen Schauer aus schnellen Elektronen erzeugen. Eine solche Teilchenkaskade könnte schließlich einen Blitzkanal erzeugen und so etwa zu jenen roten Riesenbäumen führen.

D

Doch ganz gleich, in welcher Form Blitze den Himmel erleuchten: Die elektrischen Funken sind keine Eigenart der Erde. Sie

Der obere Teil einer Gewitterwolke ist in der Regel vereist und elektrisch positiv geladen, der untere besteht aus Wassertröpfchen und ist negativ geladen. Je größer diese Spannungsdifferenz ist, desto eher zucken Blitze durch den Himmel (Miami)

65

Häufig blitzt es,
wenn ein Vulkan aktiv
wird: Geladene Partikel in
seinen Aschewolken
verursachen elektrische
Spannungen (Puyehue-
Cordón Caulle, Chile)

zucken auch auf anderen Planeten des Sonnensystems. In der Gashülle des Saturns, wo regelmäßig schwere Stürme wüten, erreichen sie sogar eine 10 000-mal höhere Energie als bei uns.

Dabei entfalten irdische Blitze bereits eine enorme Wirkung: In einer Drittelsekunde setzen sie bis zu zehn Milliarden

Joule frei und erhitzen die Luft in dem etwa einen Zentimeter weiten Inneren des Blitzkanals auf rund 30 000 Grad, fünfmal so heiß wie die Sonnenoberfläche. Schlagen sie in Sand ein, schmilzt der und wird zu Glas.

Doch die Gewalt hat auch ihr Gutes. Blitze krachten vermutlich schon in die

66

Blitzeinschläge

haben womöglich

die Evolution

vorangetrieben

Erde, als es noch keine Lebewesen gab – und vielleicht hätte es sie ohne die elektrischen Entladungen auch nie gegeben. Denn Blitze könnten zur Entstehung jener Moleküle beigetragen haben, aus denen sich erste Organismen entwickelten.

Manche Forscher gehen davon aus, dass die Bausteine solcher chemischer Verbindungen erstmals in den Aschewolken von Vulkanen entstanden: Da die Partikel darin elektrisch geladen sind, entladen sich in solchen Wolken häufig Blitze; damals könnten sie die Vulkangase so erhitzt haben, dass sich Bestandteile späterer organischer Moleküle bildeten.

In der Zeit danach haben Blitzeinschläge womöglich die Evolution vorangetrieben. In Versuchen haben Forscher Bakterien mit künstlichen Blitzen traktiert: Ein solcher Energieschub machte die Hülle der Mikroben durchlässig und half ihnen, genetisches Material aus ihrer Umgebung aufzunehmen. Womöglich haben sich auch die ersten Organismen auf diese Weise weiterentwickelt.

Zudem spielen die Riesenfunken bis heute eine wichtige Rolle in der Natur. In ursprünglichen Wäldern entzünden sie regelmäßig Brände, die oft lediglich das Unterholz aufzehren und Nährboden sowie Platz für neue Pflanzengenerationen hinterlassen. So wuchsen die spektakulären Riesenmammutbäume in Kalifornien vermutlich nur deshalb heran, weil ihre Samen vor Jahrhunderten in der Asche eines Waldbrandes aufkeimten.

Auch die Zusammensetzung der Atmosphäre wird von Blitzen beeinflusst. Wegen ihrer Hitze können sie Stickstoff- und Sauerstoffmoleküle in der Luft aufbrechen – aus ihnen entstehen Stickoxide. Die dienen Pflanzen als wichtiger Nährstoff zum Wachsen. Zudem könnten die Stickoxide, sollte ihre Konzentration durch weltweit steigende Temperaturen zunehmen, auf bislang kaum bekannte Weise die Konzentration von Treibhausgasen verändern – und so das Klima.

T

Trotz ihrer Bedeutung für das Leben sind Blitze noch immer rätselhafte Erscheinungen: Auch nach Jahrhunderten der

---

AUF EINEN BLICK

Gewitter
Heftige Turbulenzen in Wolken können dazu führen, dass sich eine Spannung zwischen Wolkenunterseite und Erdboden aufbaut.

Blitz
Ist die Spannung groß genug, bricht der Widerstand der Luft – sie wird elektrisch leitend. Ein Strom fließt, wobei sich die Luft erhitzt und Licht abstrahlt.

Donner
Im Blitzkanal dehnt sich die Luft explosionsartig aus. Dadurch entsteht ein lauter Knall.

Forschung ist nicht einmal genau geklärt, wie sie entstehen.

Klar ist immerhin: Damit sich eine Gewitterwolke bilden kann, muss eine hinreichende Menge Energie vorhanden sein, wodurch Winde und insbesondere Aufwinde entstehen. Einer gängigen Theorie zufolge werden dann Wassertröpfchen durch die Aufwinde in der Wolke angehoben und es kommt zu einem Austausch von Elektronen, zu einer sogenannten Ladungstrennung (siehe Grafik Seite 69).

Die schwereren Wassertröpfchen laden sich dabei negativ auf und verbleiben im unteren Teil der Gewitterwolke. Die leichteren Tropfen werden hingegen positiv aufgeladen und weiter angehoben, um schließlich zu gefrieren. Daher sammeln sich die positiven Ladungen auf Eiskristallen im oberen Bereich der Gewitterwolke, während sich die negativen Ladungen auf den Tropfen im unteren Bereich der Gewitterwolke anhäufen.

Weil sich gleiche elektrische Ladungen abstoßen, werden zur gleichen Zeit im Erdboden freie Elektronen verdrängt; dort entsteht deshalb eine zum unteren, negativ geladenen Bereich der Gewitterwolke entgegengesetzte positive Ladung.

Kurz gesagt: Zwischen den beiden elektrischen Polen – dem Grund und der Unterseite der Wolke – baut sich eine Spannung auf.

Wie ein imposanter Baum erscheint dieser Blitz in einer Gewitterwolke über Texas. Rund drei Viertel aller Entladungen erreichen nicht den Boden

In der Regel verhindert die Luft den Ladungsaustausch. Doch wenn die Spannung zu stark wird, bricht ihr Widerstand zusammen. Dann werden Elektronen aus den Molekülen der Luft herausgeschlagen: Sie wird elektrisch leitend.

In einer solchen Gasse aus „ionisierter" Luft bahnt sich negative Ladung aus der Wolke einen Weg nach unten. Dieser zunächst noch nahezu unsichtbare Kanal, der „Leitblitz", pflanzt sich in Richtung Erde fort – oft im Zickzack und mit mehreren Verästelungen. Vom Boden, insbesondere von Bäumen, Türmen oder anderen Erhöhungen, züngeln ihm ähnliche Entladungskanäle (die „Fangentladung") entgegen, mit denen er sich zusammenschließen kann: Deshalb trifft der Blitz solche Objekte besonders häufig.

Sobald zwischen Wolke und Grund eine durchgehende Verbindung hergestellt ist, kommt es zu einer Art Kurz-

schluss: Durch die nur etwa einen Zentimeter breite, vom Leitblitz geschaffene Bahn (den „Blitzkanal") fließt plötzlich ein starker elektrischer Strom.

Die schlagartig erhitzte Luft strahlt dabei Licht ab – das Ergebnis ist der grelle Hauptblitz. Zugleich dehnt sie sich explosionsartig aus: So entsteht der Donner.

Weil sich der Schall langsamer fortpflanzt als das Licht, kann ein entfernter Beobachter das Grollen jedoch erst nach dem hellen Aufzucken hören. Mit jedem Kilometer Entfernung vom Blitz trifft der Donner etwa drei Sekunden später ein.

D

Doch selbst diese herkömmliche Theorie der Blitzentstehung ist nicht ohne Makel: Die bislang in Gewitterwolken gemessenen elektrischen Felder sind eigentlich nicht stark genug, um eine Entladung auszulösen. Gut möglich allerdings, so vermuten viele Forscher, dass die bisheri-

gen Messungen schlicht nicht ausreichen. Denn es ist nach wie vor sehr kompliziert, an entsprechende Daten aus dem Inneren einer Gewitterwolke zu gelangen.

Auch ein weiteres Phänomen gab den Blitzforschern lange Zeit Rätsel auf. Aufgrund der hohen Energien bei einem Einschlag müsste neben den Leuchterscheinungen im Bereich des sichtbaren Lichtes auch energiereichere Strahlung im Bereich der Röntgenstrahlung auftreten. Und tatsächlich: Im besonders häufig von Gewittern heimgesuchten Florida haben Blitzforscher bei Beobachtungen des Himmelsphänomens diese Röntgenstrahlung gemessen.

Dieser Nachweis gelang den Forschern in Florida an Entladungen, die sie zum Teil selbst ausgelöst hatten. Solche künstlichen Blitze erzeugen die Wissenschaftler auf spektakuläre Weise: Sie lassen bei Gewitter ferngesteuert eine Rakete aufsteigen, die über einen Metalldraht mit ihrem Abschussturm verbunden ist.

In rund 700 Meter Höhe stellt das Geschoss über den Draht eine elektrische Verbindung zwischen Grund und Wolken her – fast so wie der natürliche Leitblitz.

Auf diese Weise entlädt sich entlang des vom Draht vorgezeichneten Weges ein Blitz, der dann in den Erdboden einschlägt und aus nächster Nähe von Detektoren erfasst wird.

Mit **ihrer Energie** verändern

Blitze die Zusammensetzung

der **Atmosphäre**

Ein ähnliches Phänomen kann bei großen Raketen auch ganz ohne Draht auftreten – und völlig unbeabsichtigt. So geschah es am 14. November 1969. Als an jenem Tag die Apollo-12-Mission zum Mond starten sollte, zogen Regenwolken über das Kennedy Space Center in Florida. Weil aber in den sechs Stunden zuvor kein Blitz beobachtet worden war, hob die Rakete planmäßig um 11.22 Uhr ab.

Nach 36 Sekunden, in zwei Kilometer Höhe, bemerkte einer der Astronauten ein weißes Licht: Die aufsteigende Rakete hatte einen Blitz ausgelöst, der erst am Raumfahrzeug, dann an den heißen, elektrisch leitenden Abgasen entlang zu Boden schoss. Schaulustige sahen ein helles Zucken in der Nähe der Abschussrampe. In der Kommandokapsel schrillte der Hauptalarm, Warnlampen blinkten. Weil der Blitz die Apollo-Elektrik überlastete, brachen die Stromversorgung und die Kommunikation mit der Bodenkontrolle vorübergehend zusammen. Sekunden später fielen nach einem weiteren Blitzschlag auch Teile des Navigationssystems aus.

Im Kontrollzentrum erwog man, die Kapsel mit den Astronauten von der Rakete abzutrennen und notlanden zu lassen. Doch schließlich gelang es, die wichtigsten technischen Systeme wieder herzustellen. Die Astronauten erreichten sicher den Mond und kehrten später wohlbehalten zur Erde zurück.

Immerhin: Die Beinahe-Katastrophe zwang die US-Raumfahrtbehörde NASA, die Wetterbedingungen für die Startfreigabe zu überdenken. Bis heute dürfen Raumschiffe nicht abheben, wenn ihre Flugbahn sie näher als neun Kilometer an verdächtig erscheinende Wolken heranführen würde .

MARTIN PAETSCH, Jg. 1970, ist Wissenschaftsjournalist in Hongkong. Fachliche Beratung: **PROF. FRIDOLIN HEIDLER**, Universität der Bundeswehr München.

Wie ein Gewitter entsteht

Durch heftige Auf- und Abwinde kann sich in manchen Wolken eine enorme elektrische Spannung aufbauen — die sich schließlich in Leuchtfunken entlädt

Eine Gewitterwolke bildet sich aus schnell aufsteigender, feuchtwarmer Luft. Bei Abkühlung kondensiert der Wasserdampf, es bildet sich eine Quellwolke (a). Die dabei frei werdende Energie sorgt für weiteren Auftrieb, sodass sich die Wolke hoch auftürmt (b). Oben aber kühlt die Luft ab und sinkt, wodurch neben warmen Auf- auch starke Abwinde entstehen (c). Durch die Turbulenzen bilden sich große Wassertropfen, die von den Böen mitgenommen werden. Stoßen diese Tropfen dabei mit leichteren Wassertropfen zusammen, die hochgewirbelt werden, findet ein Ladungsaustausch statt.

Ergebnis: Die schwereren Wassertropfen werden negativ geladen, die leichteren positiv. Da die Aufwinde sie nach oben tragen, lädt sich der obere Rand der Wolke positiv auf. Die negativ geladenen, schweren Tropfen sammeln sich dagegen an der Wolkenunterseite (d). Das wiederum führt zur positiven Aufladung des Erdbodens, sodass sich zwischen Wolke und Erde sowie innerhalb der Wolke gewaltige Spannungen aufbauen. Sie entladen sich in Blitzen. Steigt keine Warmluft mehr auf, weil Sturm und Regen die Luft abgekühlt haben, regnet die Gewitterwolke aus (e) und löst sich schließlich auf (f).

Die KUN
der
VORHER

TEXT: ALEXANDRA RIGOS

Aufstieg in die Atmosphäre
An vielen Orten der Erde lassen Wetterexperten kleine
Fesselballons in die Lufthülle der Erde fliegen. So gewinnen sie, wie hier
auf Spitzbergen in der Nähe von Grönland, unter anderem Daten für
die Überprüfung von Klimamodellen in der Arktis

ST
SAGE

Bojen im Ozean, Ballons in der Luft oder Stationen auf Berggipfeln: Meteorologen nutzen ein gewaltiges Arsenal von Messinstrumenten. Und doch ist die zuverlässige Vorhersage des Wetters auch heute noch höchst diffizil. Wie genau können Prognosen überhaupt sein?

Rund 2000 **STATIONEN** erfassen das Wetter in **DEUTSCH-LAND**

Am Vormittag des 24. Dezember 1999 stieg auf der kanadischen Atlantikinsel Sable Island ein Wetterballon auf. Es war bereits der zweite Versuch an diesem Freitag, den ersten hatten die Meteorologen knapp zwei Stunden zuvor wegen technischer Probleme abgebrochen. Diesmal ging alles gut. Der Ballon funkte seine Daten über den Zustand der Atmosphäre zur Erde hinab. Die Messwerte erreichten auch die Hochleistungsrechner des Deutschen Wetterdienstes (DWD) in Offenbach.

Allerdings hatten die kanadischen Meteorologen die Daten des zweiten Ballons irrtümlicherweise mit der Zeitangabe des

Im Orbit

Aus dem Weltraum beobachten Wettersatelliten das Geschehen in der Lufthülle der Erde, etwa die Art, Form und Verbreitung von Wolken

ersten Ballons verknüpft und verbreitet; die Informationen waren also fast zwei Stunden vordatiert. Die Wetterdaten aus Sable Island waren daher fehlerhaft, was zunächst jedoch niemandem auffiel.

Als der DWD seine Vorhersage für die Weihnachtstage errechnet hatte, kündigte er unfreundliches, für die Jahreszeit absolut übliches Schmuddelwetter an. Doch die Prognose war völlig falsch,

mit verheerenden Folgen. Denn am Morgen des zweiten Weihnachtstages fegte einer der heftigsten Stürme seit Menschengedenken über Mitteleuropa hinweg: „Lothar" fällte rund 200 Millionen Bäume, tötete mehr als 100 Menschen und hinterließ Schäden in Milliardenhöhe. Und erst als sich der Orkan der französischen Küste näherte, sprach der DWD eine Sturmwarnung aus.

Bei der Aufarbeitung der Frage, wie es zu der Fehleinschätzung kommen konnte, stellten die Meteorologen fest: Die um fast zwei Stunden falsch datierten Daten des Messballons von Sable Island reichten aus, um die Supercomputer des DWD in die Irre zu führen, obwohl sie mit Informationen Tausender Messgeräte in Wetterstationen, Ballons und Meeresbojen versorgt worden waren.

Dieses Beispiel zeigt, wie komplex das Wettergeschehen ist – und wie gewaltig die Herausforderung, vor der die Meteorologen stehen. Sie leiten ihre Vorhersagen aus Tausenden von Messwerten ab, und mitunter kommt es auf jeden einzelnen davon an.

Dabei sind die physikalischen Prozesse, die die Wettererscheinungen bestimmen, einzeln betrachtet eher simpel.

Ein Beispiel: Feuchtwarme Luft steigt auf, kühlt sich so ab, und der mitgeführte Wasserdampf kondensiert zu kleinen Tröpfchen. In der Folge bilden sich Wolken, die irgendwann abregnen.

Oder: Wo Druckunterschiede herrschen, trachten die Luftteilchen nach Ausgleich. Sie strömen dahin, wo der Druck geringer ist – und es weht Wind.

Was zeigt eine Wetterkarte?

Experten veranschaulichen die Bedingungen in der Atmosphäre einer Region mit vielfältigen Symbolen. Wer sie zu lesen weiß, kann Schlüsse für die Zukunft ziehen

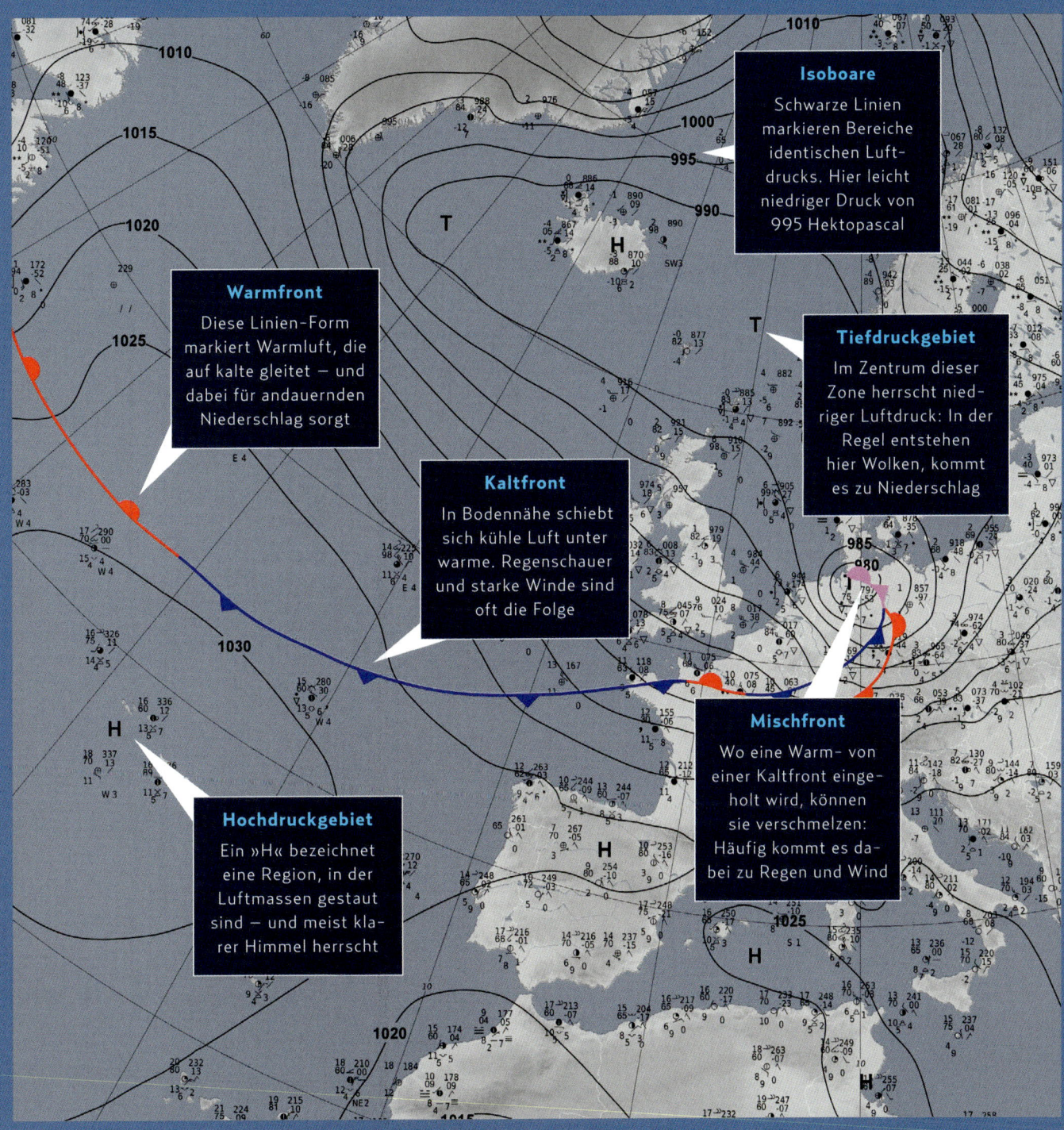

Isoboare
Schwarze Linien markieren Bereiche identischen Luftdrucks. Hier leicht niedriger Druck von 995 Hektopascal

Warmfront
Diese Linien-Form markiert Warmluft, die auf kalte gleitet — und dabei für andauernden Niederschlag sorgt

Tiefdruckgebiet
Im Zentrum dieser Zone herrscht niedriger Luftdruck: In der Regel entstehen hier Wolken, kommt es zu Niederschlag

Kaltfront
In Bodennähe schiebt sich kühle Luft unter warme. Regenschauer und starke Winde sind oft die Folge

Mischfront
Wo eine Warm- von einer Kaltfront eingeholt wird, können sie verschmelzen: Häufig kommt es dabei zu Regen und Wind

Hochdruckgebiet
Ein »H« bezeichnet eine Region, in der Luftmassen gestaut sind — und meist klarer Himmel herrscht

METEOROLOGEN überziehen die Erde mit einem Netz aus Linien, Zahlen und Symbolen; die stehen für Angaben über Luftdruck oder Windrichtung, Temperatur oder Windgeschwindigkeit. Alle Daten zusammen verraten, wie das Wetter ist. Und sie liefern Hinweise darauf, wie es sich in nächster Zeit ändern könnte. So zeigt diese Karte beispielsweise ein Tief-druckgebiet über Norddeutschland: Warme Luft (rote Linie) schiebt sich aufgrund komplexer physikalischer Vorgänge in eine kalte Luftmasse (blau) hinein und steigt auf (pinkfarben). Im Zentrum dieser Zone fällt der Luftdruck in Bodennähe auf unter 985 Hektopascal. Dies wird auf der Karte durch eine »Isobare« markiert (schwarz), eine Linie gleichen Luftdrucks.

Daten vom höchsten Punkt

Halbstündlich erhalten Wetterexperten vom Gipfel der Zugspitze
Informationen zu Temperatur, Luftdruck und Wind

Immer auf Station

Mit Gas gefüllte Ballons wie dieser
in Großbritannien halten meteorologische Geräte, die etwa Feuchte
und Windverhältnisse bestimmen,
permanent in luftiger Höhe

Den Stürmen auf der Spur

Mit Radargeräten wie diesem in
den USA beobachten Meteorologen
Bewegungen in der Lufthülle –
und können so etwa Rückschlüsse
auf gefährliche Winde ziehen

Im Prinzip müsste eine überschaubare Anzahl von Größen wie Temperatur, Luftdruck, Luftfeuchtigkeit, Windgeschwindigkeit und Windrichtung ausreichen, um das Verhalten der Luftteilchen an jedem Punkt der Erde vorherzusagen.

Jedenfalls in der Theorie.

In der Praxis aber ist die Zahl der beteiligten Gasmoleküle, die die Luft ausmachen, sowie der Wechselwirkungen zwischen ihnen so unermesslich groß, dass es unmöglich ist, sie alle zu betrachten. Die Meteorologen müssen sich daher mit Näherungen zufriedengeben.

Wie zutreffend ihre Vorhersagen ausfallen, hängt vor allem von der räumlichen Auflösung und Menge der Wetterdaten ab, die sie in ihre Berechnungen einfließen lassen können.

B

Bereits Mitte des 17. Jahrhunderts ließ der toskanische Großherzog Ferdinand II. das weltweit erste Netz von Wetterstationen (die vermutlich jeweils über Thermometer und Barometer verfügten) einrichten. Und Ende des 18. Jahrhunderts betrieb die Pfälzische Meteorologische Gesellschaft bereits 39 Messwarten, darunter Standorte in Nordamerika, Russland und Grönland.

Damals taugten die Wetterdaten aber nur zum Aufbau eines Klima-Archivs. Erst als es mit dem Morse-Telegrafen ab 1844 möglich wurde, Daten aus aller Welt zeitnah zusammenzuführen, begannen sich Wissenschaftler mit der Wettervorhersage intensiv zu beschäftigen.

Bis diese Kunst so ausgereift war, dass sie praktischen Nutzen stiftete, dauerte es aber noch einige Zeit. Um 1880 kamen die ersten regelmäßigen Wetterberichte auf; zuverlässiger wurden sie jedoch erst durch den Einsatz von Computern und Satelliten in den 1960er Jahren.

Heute steht den Meteorologen ein gewaltiges Arsenal an Messtechnik zur

Im Wetter-Netz

Supercomputer verknüpfen Wetterdaten – und entwickeln daraus Prognosen für Fixpunkte auf der Erde

Mithilfe von hochmoderner Computertechnik legen Experten virtuelle, dreidimensionale Gitter aus Dreiecken über den Planeten (hier vereinfacht dargestellt). An jedem Kreuzungspunkt können sie das Wettergeschehen prognostizieren – je geringer die Maschenweite, desto besser. Im Globalmodell ICON beträgt sie 13 Kilometer (rot); um Europa herum und in Nordafrika (grün) und über Europa (schwarz) ist sie enger – über Deutschland gerade einmal 2,8 Kilometer.

Abertausende

MESSWERTE

nähren die

MODELLE

der

Meteorologen

Verfügung. So bezieht der DWD Informationen von mehr als 11 000 Wetterstationen, die über die gesamte Erde verteilt sind. Allein in Deutschland gibt es rund 180 solcher Messwarten, dazu noch knapp 1800 kleinere, ehrenamtlich betreute Stationen.

Zudem treiben auf den Meeren rund 1500 Messbojen, und gut 2600 Handelsschiffe funken regelmäßig Wetterdaten an Land. Und um die Verhältnisse in den höheren Luftschichten zu erkunden, starten an über 900 Orten weltweit mindestens zweimal am Tag unbemannte Wetterballons – so auch in Sable Island, wo sich 1999 der folgenreiche Fehlstart ereignete.

Diese Sonden steigen bis zu 30 Kilometer hoch und messen während ihres Aufstiegs die Zustände in der Atmosphäre: etwa Temperatur, Luftdruck, Feuchte und Windverhältnisse. Ergänzt werden diese Informationen durch Daten Tausender Verkehrsflugzeuge, die Messinstrumente an Bord haben.

Ein weiteres wichtiges Instrument der Meteorologen ist das Wetterradar. Dieses auf Türmen stationierte Gerät registriert Eiskristalle und Wassertröpfchen in der Atmosphäre – und spürt so auch kleinräumige Regengebiete, Hagelschauer und Gewitterzellen auf. 17 solcher Wetterradare mit einem Beobachtungsradius von jeweils 150 Kilometern erfassen flächendeckend den Himmel über Deutschland.

Doch nicht alle Teile der Erde werden vergleichbar präzise beobachtet. Bojen und Schiffe können unmöglich alle Meeresgebiete abdecken. Und auch entlegene Regionen in Afrika und Südamerika sind für die Meteorologen noch Datenwüsten.

Die einzige Möglichkeit, Informationen über diese blinden Flecke zu gewinnen, bietet der Blick aus dem Weltraum. Denn Satelliten können auch entlegene Regionen überwachen, die für herkömmliche Technik unzugänglich sind.

Die Messsonden im All liefern etliche Informationen – etwa über die von der Erde oder Atmosphäre ausgehende Strahlung, die Rückschlüsse auf Tempe-

Sonniger Norden, nasser Süden

Langzeitbeobachtungen helfen zu erkennen, wie sich die Wetterlage
in Regionen typischerweise entwickelt, und zeigen Unterschiede

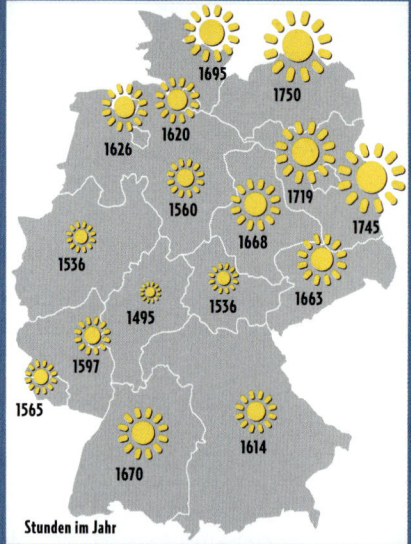

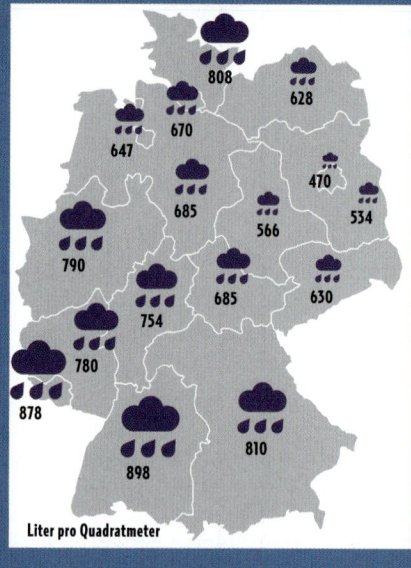

SONNENSCHEIN

In Süddeutschland, so heißt es oft, strahle häufiger die Sonne. Doch die Bilanz zeigt: Der Unterschied zwischen Nord und Süd ist gar nicht so groß – und die meisten Sonnenstunden gibt es an der Ostseeküste. Deutschlandweit sind es im Durchschnitt etwa 1600 pro Jahr.

LUFTTEMPERATUR

Im Jahresdurchschnitt ist es im Norden Deutschlands wärmer als im Süden, doch die Schwankungen sind dort größer: Die höchste je gemessene Temperatur in Deutschland betrug 40,3 Grad Celsius im fränkischen Kitzingen, die niedrigste –37,8 Grad Celsius in Hüll in Oberbayern.

NIEDERSCHLAG

Berge und Meer sorgen für Regen, Schnee und Hagel – das zeigt sich auch in Deutschland: In der Nähe der Alpen und nahe den Küsten gibt es im Jahresdurchschnitt mehr Feuchtigkeit als in Ostdeutschland. Dort herrscht ein eher trockenes Klima.

raturen erlaubt. Am wertvollsten für die Meteorologen sind aber Daten über Art, Bewegung und Verteilung von Wolken. Daraus lassen sich Informationen über Stärke und Richtung des Windes ableiten.

Auf diese Weise mündet ein Strom Abertausender Messwerte vom Land und vom Meer, aus der Luft und aus dem All in den Rechenzentren der Wetterinstitute. Die Daten liefern die Basis für die Wettermodelle. Diese Voraussagen basieren auf hoch komplizierten Computerprogrammen, die das zukünftige Wetter durch Näherungsrechnungen ermitteln.

Dazu legt das Programm ein dreidimensionales Gitter über den betrachteten Teil der Erde, also etwa über ein Land. Für jeden Kreuzungspunkt des Gitters berechnet es dann aus dem Ist-Zustand (also etwa aus den aktuellen Temperatur-, Druck-, Feuchte- und Windverhältnissen),

Wetter-
experten erstellen

meist

DUTZENDE

von

SZENARIEN

wie sich das Wetter in der Zukunft entwickeln wird.

Je enger die Maschen dieses Gitters sind, desto zuverlässiger wird die Prognose. Zugleich muss der Computer jedoch bei kleinerem Gitter mehr Rechenschritte durchführen und entsprechend leistungsfähiger sein, um in annehmbarer Zeit zu einem Ergebnis zu kommen. Jeder Gitterpunkt und jeder gewählte Zeitschritt erfordern rund 5000 Rechenoperationen.

Waren die Modelle in der Frühzeit der Computertechnik noch ziemlich grob (und fielen die Prognosen dementsprechend unsicher aus), erlauben heutige Superrechner eindrucksvolle Genauigkeiten. So überzieht das derzeit aktuelle globale Wettermodell ICON die gesamte Erde mit einem Netz von nur 13 Kilometern Maschenweite. Dabei betrachtet das Modell nicht nur die Zustände am Erdboden, sondern auch die Atmosphäre bis in 75 Kilometer Höhe.

In der Senkrechten liegen die Ebenen des Gitters sogar nur 800 Meter auseinander, sodass der Computer mehr als 265 Millionen Rasterpunkte zu bewältigen hat. Für jeden einzelnen berechnet er, wie sich Stunden oder Tage im Voraus (mit zunehmendem Unsicherheitsfaktor) Einflussgrößen wie Temperatur und Druck entwickeln, die das Wetter bestimmen.

In Deutschland gibt es das noch feinere Wettermodell COSMO-DE, dessen Maschenweite nur 2,8 Kilometer beträgt. Dieses Modell erfasst lokale Details der Landschaft, die einen prägenden Einfluss auf das Wetter haben, genauer. Denn Berge, Täler oder Wasserflächen beeinflussen das Wetter vor Ort erheblich, sei es durch lokale Winde, die hangabwärts wehen oder Nebel, der von Seen aufsteigt (siehe Seite 36).

Aufgrund der immer besseren Computer ist eine Wettervorhersage über sechs Tage heute so zuverlässig wie vor 50 Jahren eine 24-Stunden-Prognose.

U

Und doch kommt es immer wieder zu Situationen, in denen der meteorologische Blick in die Zukunft versagt.

Nicht immer fallen die Fehler so dramatisch aus wie bei Sturm Lothar. Mitunter aber verheißt der Wetterbericht einen schönen, trockenen Sommertag, man verabredet sich zum Essen unter freiem Himmel – und drängelt sich schließlich halb durchnässt unter einem Sonnenschirm, weil ein Gewitterschauer das Vergnügen abrupt beendet hat.

Gewitter sind gewissermaßen die Angstgegner der Meteorologen, weil sie oft sehr schnell auf sehr kleinem Raum entstehen können und dann selbst durch das 2,8-Kilometer-Raster des COSMO-DE-Modells nicht zu erkennen sind.

Ein sonniger Südhang kann ausreichen, die Luft lokal so stark zu erwärmen, dass sich eine Gewitterzelle bildet. Taucht so ein Mini-Unwetter auf dem Radar auf, ist es für eine Vorhersage oft schon zu spät. Umgekehrt finden zwei Drittel aller im Wetterbericht angekündigten Gewitter

nicht statt – sie gehören zu den unberechenbarsten und instabilsten Phänomenen im Wettergeschehen.

Dazu kommt, dass Warnungen des Wetterdienstes für einen gesamten Landkreis gelten, häufig sind jedoch nur kleine Ortsteile vom Unwetter betroffen. Allgemein liegt die Genauigkeit kurzfristiger Prognosen (bis zum nächsten Tag) für Temperatur und Windgeschwindigkeit bei über 90 Prozent, für Niederschlag bei mehr als 80 Prozent. Die Qualität mittelfristiger Vorhersagen (weiter als einen Tag voraus) nimmt kontinuierlich ab – ab etwa dem sechsten Tag lässt sich oft keine zuverlässige Prognose mehr treffen.

Neben örtlich begrenzten Ereignissen macht den Meteorologen ein grundsätzliches Problem zu schaffen: Das Wetter verhält sich chaotisch. Deshalb wird es sich nie absolut genau vorhersagen lassen.

Chaos bedeutet jedoch nicht, dass es keine Regeln für das Geschehen in der Atmosphäre gibt – alle Wetterereignisse folgen den Gesetzen der Physik. Vielmehr besagt der Begriff „Chaos" in diesem Zusammenhang, dass sich selbst kleinste Schwankungen oder Messfehler unter ungünstigen Umständen zu dramatisch falschen Vorhersagen auswachsen können.

In Anlehnung an Edward Lorenz, den Begründer der Chaostheorie, nennt man dieses Phänomen auch „Schmetterlingseffekt". Lorenz, selbst Meteorologe, stellte in einem berühmten Vortrag zur Veranschaulichung die Frage, ob der Flügelschlag eines Schmetterlings in einer anderen Weltregion einen Tornado auslösen könne.

Solche chaotischen Vorgänge führten dazu, dass die Wetterexperten Weihnachten 1999 einen Jahrhundertsturm nicht

77

Sensoren im Ozean
Zahlreiche Bojen (hier die »Nordseeboje II«) ermitteln vielfältige Informationen, etwa zur Luft- und Wassertemperatur. Die Rohdaten stehen für jeden öffentlich im Internet zur Verfügung

Was können Wetter-Apps?

Zahlreiche Programme zeigen uns auf dem Mobiltelefon
jederzeit an, ob es regnet oder die Sonne scheint

Wie viele Sonnenminuten sind heute zu erwarten? Wie hoch ist die Regenwahrscheinlichkeit am Wochenende? Wann fällt der nächste Schnee? Viele Wetterprogramme für Smartphones versprechen Antworten auf derlei Fragen. Doch nicht selten führt der frühmorgendliche Blick auf das Display in die Irre.

Zum einen erwarten manche Nutzer schlicht zu viel von den Meteorologen: Eine Vorhersage über 14 Tage, wie sie viele Apps anbieten, kann nicht zuverlässig sein; derart leistungsfähig sind bislang nicht einmal die Supercomputer der Wetterdienste.

Wer also im Vertrauen auf sein Wetterprogramm einen Kurztrip für das übernächste Wochenende bucht, könnte fast ebenso gut eine Münze werfen – zumal viele Apps Präzision vorgaukeln, weil sie nicht zwischen relativ verlässlichen Prognosen über fünf Tage und vagen Trends für die weitere Zukunft unterscheiden.

Doch auch bei den kurzfristigeren Prognosen gibt es erhebliche Qualitätsunterschiede zwischen den Anbietern. Denn die immer gleichen Sonnen- und Wolkenbildchen basieren auf sehr unterschiedlichen Wetterdaten.

Manche Apps übernehmen einfach die Vorhersagen eines einzigen Wettermodells. Meist handelt es sich um das Modell des US-Wetterdienstes NOAA, der seine Daten kostenlos zur Verfügung stellt. Solche Programme berechnen das Wetter an den Schnittpunkten eines Gitternetzes, das sie über den betrachteten Teil der Welt legen. Allerdings ist das US-Modell recht ungenau, da es mit einem ziemlich groben Raster (mit einer Seitenlänge von 28 Kilometern) arbeitet. Viele der bereits

Erhebliche Unterschiede: Je nach Smartphone-Programm fällt die Qualität der Prognose anders aus

vorinstallierten Apps von Smartphones greifen auf diese Schmalspurvariante zurück. Andere Programme nutzen die genaueren, aber teils kostenpflichtigen Daten von Diensten, die komplexere Modelle einsetzen. Bessere Anbieter beziehen zudem die Ergebnisse mehrerer Modelle ein. Manche beschäftigen sogar ein eigenes Expertenteam, das die unterschiedlichen Vorhersagen vergleicht und bewertet.

Neben der Genauigkeit der Prognosen unterscheiden sich die Programme auch in Übersichtlichkeit und Informationsfülle. Manche liefern nur Kerndaten wie Temperatur und Niederschlagswahrscheinlichkeit, andere bieten speziellere Angaben zu Luftdruck, Luftfeuchte oder den Taupunkt.

Sehr nützlich ist ein Niederschlagsradar, den aber nicht alle Anbieter integriert haben. Er warnt Nutzer in der Regel zuverlässig vor herannahenden Schauern.

Ein letztes Qualitätskriterium hat wenig mit Meteorologie zu tun: der Datenschutz. Einige Apps sammeln sensible Standortinformationen und geben sie unter Umständen an Dritte weiter.

In Tests schnitten die Programme *WeatherPro* und *Wetter.de* bei der Qualität der Prognosen etwa gleich gut ab: Beide bieten recht zuverlässige Vorhersagen – WeatherPro sogar manchmal für bis zu neun Tage. Ähnlich gut ist die App von *WetterOnline*, die sich zudem durch einen besseren Datenschutz auszeichnet.

WarnWetter heißt die kostenlose und werbefreie App des Deutschen Wetterdienstes. Sie liefert nicht nur Unwetterwarnungen, sondern genaue Vorhersagen und detailreiche Informationen über das Wetter in Deutschland.   *Alexandra Rigos*

kommen sahen, weil ein einziger falscher Messwert in ihre Daten eingeflossen war.

Nicht zuletzt aus der Lothar-Katastrophe haben die Meteorologen jedoch gelernt, dass man das Chaos zumindest etwas einhegen kann. Seit einigen Jahren nutzen sie dazu sogenannte Ensemble-Vorhersagen: Sie speisen nicht nur die jeweils aktuellen Messungen in ihre Modelle ein, sondern führen die gleichen

Berechnungen auch mit leicht veränderten Anfangswerten aus. Auf diese Weise erarbeiten sie insgesamt 40 Wetterprognosen und vergleichen sie miteinander. Zusätzlich stellen sie die Ergebnisse verschiedener Computermodelle gegenüber.

Liegen die Berechnungen dicht beieinander, können die Experten beruhigt sein: Die Lage ist offenbar stabil, kleine Fehler dürften also keine größeren Aus-

wirkungen haben. An diesem Tag wird sich das Chaos nicht Bahn brechen.

Vorsicht ist hingegen geboten, wenn die einzelnen Prognosen stark voneinander abweichen: Bei derart labilen Verhältnissen können kleinste Schwankungen zu dramatischen Veränderungen der Wetterentwicklung führen.

Die Streubreite der Ergebnisse erlaubt es dann abzuschätzen, mit welcher

AUF EINEN BLICK

Stetige Messung

An Land und in der Luft, im Meer und im All: Vielfältige Instrumente beobachten das Wetter gleichzeitig an Tausenden Orten.

Moderne Technik

Supercomputer werten Abertausende Daten aus, errechnen Wahrscheinlichkeiten — und entwickeln Szenarien.

Zunehmende Präzision

Eine Wettervorhersage über sechs Tage ist heute so zuverlässig wie eine 24-Stunden-Prognose vor 50 Jahren.

Chaotische Folgen

Kleinste Schwankungen oder Messfehler können zu dramatischen Fehleinschätzungen der Wetterlage führen.

Wahrscheinlichkeit ein bestimmtes Wetterszenario eintreten wird.

Das Verfahren der Ensemble-Vorsagen hat die Zuverlässigkeit der Wetterberichte noch weiter erhöht. Nun hoffen die Meteorologen auf eine neue Generation von Supercomputern, damit sie ihre Modelle verfeinern können. Dann werden sich viele der Gewitter, die uns heute noch aus heiterem Himmel überfallen, vorhersagen lassen.

Irgendwann wird es selbstverständlich sein, dem Wetterbericht zu vertrauen, und niemand wird mehr nur zur Sicherheit mit dem Regenschirm aus dem Haus gehen müssen.

Und doch: Trotz aller Fortschritte der Meteorologen wird ein Rest Unsicherheit bleiben. Denn das chaotische Verhalten der Atmosphäre lässt sich wohl nie ganz in den Griff bekommen. Wir werden also sicherlich auch in Zukunft mit unangenehmen Überraschungen wie 1999 bei Sturm Lothar leben müssen.

Aber insgesamt immer und immer seltener.

IMPRESSUM

Gruner + Jahr GmbH & Co KG, Am Baumwall 11, 20459 Hamburg. Postanschrift der Redaktion: Brieffach 24, 20444 Hamburg. Telefon: 040/37 03-0, Fax: 040/37 03 56 47 Internet: www.GEOkompakt.de

CHEFREDAKTEUR
Michael Schaper

STELLVERTRETENDE CHEFREDAKTEURE
Rainer Harf, Claus Peter Simon

ART DIRECTION
Torsten Laaker

TEXTREDAKTION
Tilman Botzenhardt, Maria Kirady
Bertram Weiß, Sebastian Witte

BILDREDAKTION
Ulrike Jürgens (Leitung), Carla Rosorius, Katrin Trautner

VERIFIKATION
Susanne Gilges,
Regina Franke, Dr. Götz Froeschke, Stefan Sedlmair, Bettina Süssemilch

LAYOUT
Lena Uphoff

CHEF VOM DIENST / SCHLUSSREDAKTION
Ralf Schulte

TECHNISCHER CHEF VOM DIENST
Rainer Droste

REDAKTIONSASSISTENZ
Ümmük Arslan, Anastasia Mattern,
Thomas Rost

HONORARE/SPESEN
Angelika Györffy, Andreas Koseck

GESCHÄFTSFÜHRENDE REDAKTEURIN
Maike Köhler

**VERANTWORTLICH
FÜR DEN REDAKTIONELLEN INHALT**
Michael Schaper

PUBLISHER
Dr. Gerd Brüne

EXECUTIVE DIRECTOR DIRECT SALES
Heiko Hager/G + J Media Sales

VERANTWORTLICH FÜR DEN ANZEIGENTEIL
Daniela Krebs, Director Brand Solutions,
G + J e|MS, Am Baumwall 11, 20459 Hamburg. Es gilt die jeweils aktuelle Preisliste. Infos hierzu: www.gujmedia.de

SALES DIRECTOR
Franziska Bauske, DPV Deutscher Pressevertrieb

MARKETING
Pascale Victoir

HERSTELLUNG
G + J Herstellung, Heiko Belitz (Ltg.), Oliver Fehling

Der Export der Zeitschrift GEOkompakt und deren Vertrieb im Ausland sind nur mit Genehmigung des Verlages statthaft. GEOkompakt darf nur mit Genehmigung des Verlages in Lesezirkeln geführt werden.

Bankverbindung: Deutsche Bank AG Hamburg,
IBAN: DE30200700000032280000,
BIC: DEUTDEHH
Heft-Preis: 10 Euro (mit DVD: 16,50 Euro)
ISBN 978-3-652-00747-4 (978-3-652-00751-1)
© 2018 Gruner + Jahr Hamburg, ISSN 1614-6913
Litho: 4mat Media, Hamburg
Druck: appl druck GmbH,
Senefelderstraße 3–11, 86650 Wemding
Printed in Germany

GEO-LESERSERVICE

FRAGEN AN DIE REDAKTION
Tel.: 040/37 03 20 84, Fax: 040/37 03 56 48,
E-Mail: briefe@geokompakt.de

ABONNEMENT- UND EINZELHEFTBESTELLUNG
Anschrift: GEO-Kundenservice, 20080 Hamburg
E-Mail: kundenservice@dpv.de
Tel.: 0049/40/55 55 89 90, Fax: 0049/40/55 55 78 03,
pers. erreichbar: Mo–Fr 7.30–20 Uhr, Sa 9–14 Uhr
24-Std.-Online-Kundenservice: www.geo.de/kundenservice
Preis Jahresabonnement:
40,00 € (D)/46,00 € (A)/70,40 sfr (CH)
Preise für weitere Länder auf Anfrage erhältlich.

**BESTELLADRESSE FÜR GEO-BÜCHER,
GEO-KALENDER, SCHUBER ETC.**
GEOkompakt-Kundenservice, 74569 Blaufelden,
Tel.: 0049/40/42 36 427, Fax: 0049/40/42 36 663,
E-Mail: guj@sigloch.de

BILDNACHWEIS

Anordnung im Layout: l. = links, r. = rechts, o. = oben, m. = Mitte, u. = unten

TITEL: Franz Schumacher/hgm-press

EDITORIAL: Benne Ochs für GEOkompakt: 3 o.; Illustration: Maltiase/Shutterstock: 3. u.

INHALT: siehe entsprechende Seiten

DIE MACHT DES WETTERS: Brad Hannon/Thunderhunter Photography: 6/7, 20/21; Warren Keelan: 8/9; Paul Kingston/North News & Pictures Ltd: 10/11; Jonas Piontek: 12/13; Pavliha/Getty Images: 14/15; hgm-press: 16/17; coolbiere/Getty Images: 18/19

VON WOLKEN, WIND UND REGEN: Illustrationen: Rinah Lang für GEOkompakt: 22–27

EINE CHRONIK AUS EIS UND SCHNEE: Peter Rejcek: 28/29; Tore Hattermann/Alfred-Wegener-Institut: 30/31 o.; Stefan Hendricks/Alfred-Wegener-Institut: 30 u.; National Science Foundation: 31 o.; Olivia Masseli: 32; Illustrationen: Tim Wehrmann für GEOkompakt: 33 l.; University of Nebraska-Lincoln: 33 r.; Sepp Kipfstuhl/Alfred-Wegener-Institut: 34 o.; Heidi Roop: 34 u.

PLANET DER WINDE: Illustrationen: Rainer Harf für GEOkompakt: 36/37; Jochen Stuhrmann für GEOkompakt: 38–46

DIE LUFTIGEN REGENMACHER: John Eastcott and Yva Momatiuk/National Geographic Creative: 48/49 o.; Jon Bower/Apexphotos/Getty Images: 48 u.; Akhiro Shibata/hgm: 49 o.; Jim Reed 49 u.; Illustration: Illuteam43: ZEIT Wissen in Bildern: „Am Himmel hoch" DIE ZEIT 49/2013: 50; James Smart: 52; Ryan Wunsch: 53 o.; Christiaan van Heijst: 53 u.; Deutscher Wetterdienst (DWD): 54 o., u. m., u. r., 55 u.; World Meteorological Organization: 54 u. l., 55 o.

WENN ES ZIEHT UND SCHMERZT: Illustrationen: Tina Berning für GEOkompakt: 56–59

BLITZE, DIE UNHEIMLICHE KRAFT: Marko Korosec: 60/61; Steven Maguire/hgm-press: 62/63; Chad Weisser/Caters: 64/65; Francisco Negroni: 66/67; Marco Korosec: 68; Illustrationen: Rainer Harf für GEOkompakt: 69

DIE KUNST DER VORHERSAGE: Niels Stomps: 70/71; ATG medialab/European Space agency/Science Photo Library: 72; Analysekarte: Deutscher Wetterdienst (DWD): 73; Johann Jilka/Altenstadt (Bayern)/DWD: 74 o.; Brownie Harris/Getty Images: 74 u. l.; British Crown Copyright/The Met Office/Science Photo Library: 74 u. r.; Illustration: Andreas Boock für GEOkompakt: 75; Karten: Gesamtverband der Deutschen Versicherungswirtschaft e. V.: 76; Deutscher Wetterdienst (DWD): 77; Illustration: dolphfyn/Getty Images: 78

KAMPF GEGEN DEN KLIMAWANDEL: Benno Kraehahn: 80/81; Alfred-Wegener-Institut/Achim Multhaupt/laif: 82/83; ZUMA Press/imago: 84/85; Jim West/Report Digital-Rea/laif: 86/87; McCory James Photography: 88/89; Florian Bachmann: 90/91; Logan Mock-Buting/The New York Times/Redux/laif: 92/93; Daniel Berehulak/The New York Times/Redux/laif: 94/95

DER ÜBERHITZTE PLANET: Josh Haner/The New York Times/Redux/laif: 96/97; Kadir Van Lohuizen/NOOR/laif: 97 u. r.; Ashley Cooper/Nature Picture Library: 98 u., 100 m., 100/101 o., 102; Illustrationen: Andreas Boock: 98 u., 99 u., 101 u., 103; Richard Olsenius/National Geographic Creative: 99; Illustration: Andrew Baker/Ikon-Images: 104

TIERE UND PFLANZEN AUF DEM RÜCKZUG: Paul Souders/Getty Images: 108/109; Joel Sartore: 110/111; Doug Perrine/Nature Picture Library: 110 l. u.; Paul Nicklen/National Geographic Creative: 112; Franco Banfi/Nature Picture Library: 113; Jürgen Freund/Nature Picture Library: 114 o.; Robert Mc Rae: 114 u.

»WIR MÜSSEN UNS AUF IMMER EXTREMERES WETTER EINSTELLEN«: Gian Marco Castelberg/13 Photo: 116, 122; Illustration: Germanwatch e. V.: 118; Tomas Wüthrich/13 Photo: 119; Karte: Stefanie Peters für GEOkompakt: 120/121; Illustrationen: NASA/IPCC 123

DIE SCHNEISE DER VERWÜSTUNG: Andres Kudacki: 124/125, 128; Warren Faidley/Getty Images: 126; Illustrationen: Tim Wehrmann für GEOkompakt: 127; Gary Lloyd Mccullough/AP Images/dpa picture-alliance: 129 o.; NASA: 129 u., 132 o., 135; Ricardo Arduengo/AFP/Getty Images: 132 u.; Carlo Allegri/Reuters: 133; Orlando Sentinel/Getty Images: 134

INGENIEURE DES KLIMAS: Julia Dunlop/Climeworks: 136/137; Arizona State University: 138; Illustration: Nicolle R. Fuller/Science Photo Library: 139; Ike Edeani: 140; Illustration: Victor Habbick Visions/Science Photo Library: 141; Illuteam43/Picture Press: 142

WENN DAS WASSER WEITER STEIGT: Illustrationen (alle: Courtesy Fondation Jacques Rougerie: Vincent Callebaut Architectures: 144/145; Thibaut Houette/Samuel Zbynovsky: 146; Vuk Djordjevic: 147; Ahmed Abdelhamid: 148 o.; Pauline Hégaret: 148 u.; Mohamed Trabelsi/tunisian architect/naval architect: 149

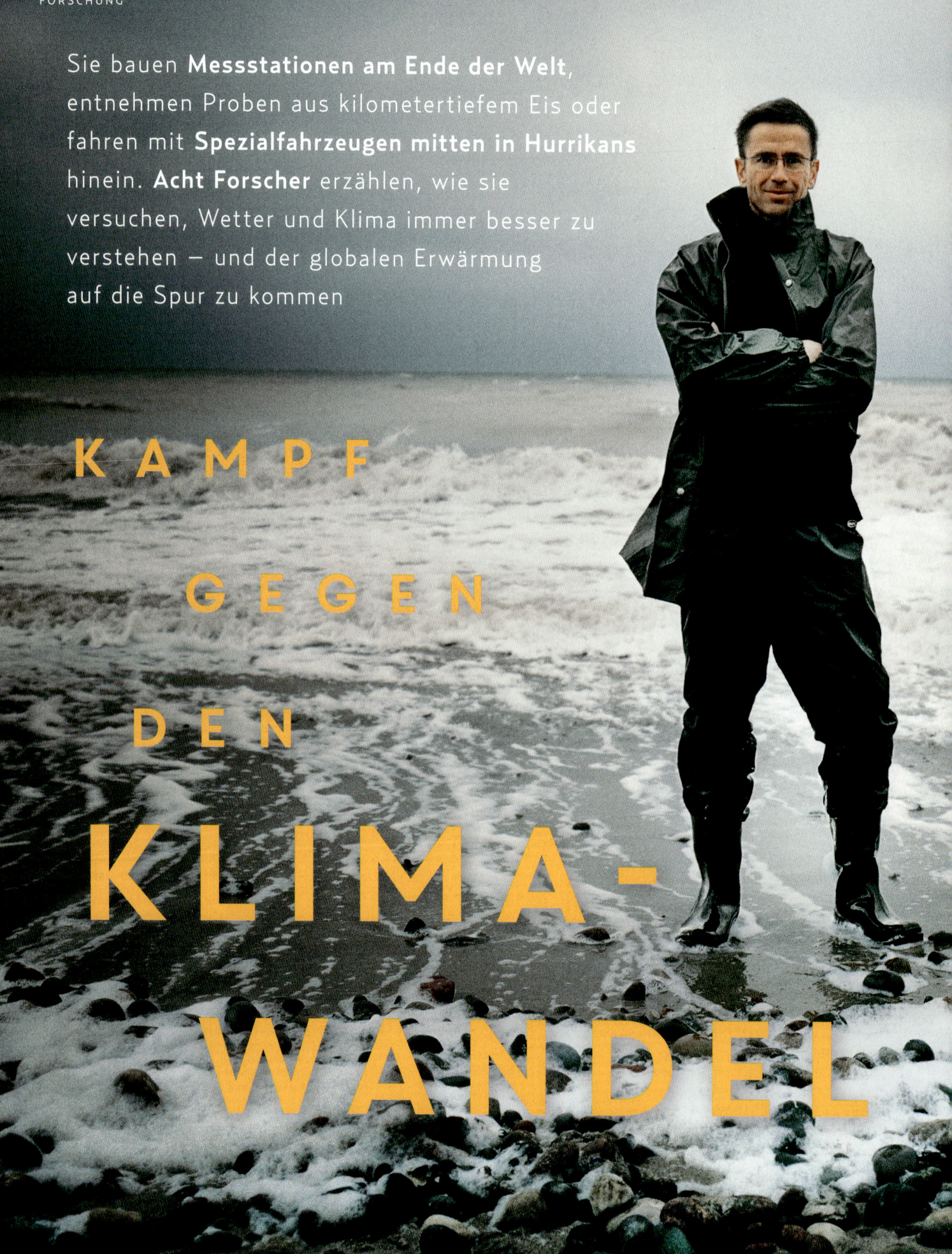

Sie bauen **Messstationen am Ende der Welt**, entnehmen Proben aus kilometertiefem Eis oder fahren mit **Spezialfahrzeugen mitten in Hurrikans** hinein. **Acht Forscher** erzählen, wie sie versuchen, Wetter und Klima immer besser zu verstehen – und der globalen Erwärmung auf die Spur zu kommen

KAMPF

GEGEN

DEN

KLIMA-

WANDEL

Am Potsdam-Institut für Klimafolgenforschung entwickelt Stefan Rahmstorf Szenarien
für die Auswirkungen des Klimawandels etwa
auf das Golfstromsystem

PROTOKOLLE: OLAF TARMAS

Stefan Rahmstorf, Jg. 1960, Klimatologe, Potsdam

Trotz allem: Hoffnung

So groß die Gefahren der globalen Erwärmung auch sein mögen:
Stefan Rahmstorf will nicht nur warnen – sondern zeigen, wie die
Menschheit mit dem Klimawandel erfolgreich umgehen kann

Schon als kleiner Junge liebte ich das Meer und das Spiel der Wellen. Einen Teil meiner Kindheit habe ich in Holland verbracht, in einem Ort, der unterhalb des Meeresspiegels lag. Das fand ich sehr beeindruckend. Meine Lieblingsbeschäftigung in den Sommerferien war es, mit meinen Freunden am Strand Sandburgen zu bauen und zu beobachten, wie die von der steigenden Flut verschlungen wurden.

Heute erscheint mir das wie ein Vorspiel zu meinem Leben als Wissenschaftler. Einer meiner Forschungsschwerpunkte ist der Anstieg des Meeresspiegels aufgrund der globalen Erwärmung. Ich analysiere weltweit erhobene Klimadaten und versuche, Muster zu erkennen und Zusammenhänge herzustellen, etwa mit Simulationsrechnungen am Computer.

Dabei geht es auch um den Einfluss des Meeres auf das Klima. Wir konnten zum Beispiel berechnen, dass sich das Golfstromsystem seit Beginn der Erderwärmung um rund 15 Prozent abgeschwächt hat.

Darüber hinaus erforschen wir auch Wetterextreme. Durch die Erwärmung kommt es weltweit zu immer neuen Hitzerekorden, aber auch die Windströmungen verändern sich, etwa in der Arktis. Dadurch kann Polarluft zu uns fließen – wie im März 2018, der in Deutschland kälter war als der Januar.

Ein anderes Wetterextrem hat mich vor Jahren bewogen, als Forscher stärker an der öffentlichen Diskussion um den Klimawandel teilzunehmen: In Dresden wurde ich 2002 Zeuge der großen Elbeflut.

Ich wanderte damals nachts durch die überflutete Stadt, abgesehen von den Blaulichtern war es dort nach einem Stromausfall vollkommen dunkel und still.

Diese Nacht hat einen starken Eindruck bei mir hinterlassen, und als ich danach mit Falschaussagen zum Klima konfrontiert wurde, entschloss ich mich, nicht wie bislang nur still den Kopf darüber zu schütteln, sondern mich und die Öffentlichkeit über den Forschungsstand zum Klimawandel aufzuklären.

Seitdem sind Interviews, Zeitungsartikel und Beiträge in meinen Blogs ein wichtiger Bestandteil meiner Arbeit geworden. Denn noch ist es nicht zu spät, Schlimmeres zu verhindern. Trotz manch alarmierender Erkenntnis bin ich optimistisch, dass die Menschheit es schaffen kann, die Klimaerwärmung auf höchstens zwei Grad Celsius zu begrenzen. Meine Zuversicht gründet sich vor allem darauf, dass sich die erneuerbaren Energien weitaus besser entwickelt haben, als ich dies für möglich gehalten hätte.

Allerdings müssen wir in den nächsten Jahrzehnten den Verbrauch an fossilen Brennstoffen auf null reduzieren, wenn wir eine weitere Beschleunigung des Meeresspiegel-Anstiegs verhindern wollen. Küstenstädten wie New York City und Miami dürfte es sonst ergehen wie den Sandburgen meiner Kindheit: Sie würden wahrscheinlich in den Fluten verschwinden.

Antje Boetius, Jg. 1967, Meeresforscherin, Bremerhaven

Expedition in die Tiefsee

Was geschieht kilometertief in den Ozeanen, wenn die Erde sich erwärmt? Und wie beeinflusst das Geschehen im ewigen Dunkel die Oberfläche? Diese Fragen treiben die Meeresbiologin Antje Boetius an

Als sich während meiner Universitätsausbildung die Chance bot, auf dem Forschungsschiff „Polarstern" in die Arktis zu fahren, war ich sofort mit an Bord. Seither verbringe ich jedes Jahr zwei bis drei Monate auf See, als Mitglied oder Leiterin von Expeditionen.

Mein besonderes Interesse gilt der Tiefsee. Dort unten leben sonderbare Wesen, wie etwa der fast kugelförmige Anglerfisch, dessen riesiges Maul mit grotesk anmutenden Zähnen besetzt ist. Er verdankt seinen Namen einem Fortsatz auf seiner Stirn, der im Dunkeln leuchtet, um Beutefische anzulocken.

Wir erkunden die Tiefsee mit Tauchrobotern, die uns die kaum erforschten dunklen Welten der Erde erschließen. Dort gibt es elf Kilometer unter der Meeresoberfläche so ungewöhnliche Landschaften und eine so andere Vielfalt des Lebens, dass es mir manchmal wie ein fremder Planet vorkommt.

Und doch ist die Tiefsee auf vielfältige Weise mit dem Geschehen an der Oberfläche verbunden. Wenn sich die Temperaturen an der Meeresoberfläche ändern und andere Algen als gewöhnlich wachsen und herabsinken, wandelt sich auch die Biodiversität in der Tiefe. Und so gelangen leider auch Schadstoffe schneller dorthin als gedacht.

Ein schnell reagierender Indikator für Veränderungen sind die Bakteriengemeinschaften am Meeresgrund. Noch an den unwirtlichsten Orten haben sich teils über Jahrtausende hoch spezialisierte Kolonien geformt, die vielfältige Leistungen erbringen und auch sehr extreme Standorte besiedeln.

Das wurde mir insbesondere bei einer U-Boot-Fahrt im Golf von Mexiko bewusst: Dort konnte ich in 1000 Meter Tiefe einen untermeerischen Salzsee beobachten, der sich am Rande eines Vulkans gebildet hatte. Wie in Zeitlupe sah ich eine Schlammwalze den Vulkan herabrollen. Der Meeresboden schimmerte gelb und rot von den zahlreichen Bakterien, die in diesem besonderen Habitat lebten.

Solche Gemeinschaften sind wertvolle Bestandteile von Ökosystemen, weil sie die Lebensgrundlage für zahlreiche Organismen bilden, die sich von ihnen ernähren.

Der Klimawandel verändert jetzt schon die Bakterien-Tier-Gemeinschaften zum Teil drastisch – vor allem in der Arktis, wo sich die Umwelt sehr schnell erwärmt.

2012 wurde ich dort Zeugin einer großen Meereis-Schmelze. Mithilfe von Tauchrobotern konnten wir verfolgen, wie Lebewesen ihr natürliches Habitat im Eis verloren und in die Tiefsee absanken. Wir konnten beobachten, wie dieser Nahrungsregen das Verhalten der Tiefseetiere und die Zusammensetzung der Bakteriengemeinschaften am Meeresboden beeinflusste.

Auch der Plastikmüll und die Bodenfischerei dringen mit dem abschmelzenden Eis weiter vor.

Wir sind also dabei, diesen einzigartigen, uralten Lebensraum massiv zu verändern.

82

Jedes Jahr verbringt Antje Boetius, Direktorin am Alfred-Wegener-Institut für Polar- und Meeresforschung, einige Monate auf hoher See

In den Versuchsstationen der Stanford-
Universität in Palo Alto erforscht Ken Caldeira
den Treibhauseffekt – und arbeitet an
Techniken zur nachhaltigen Energiegewinnung

Ken Caldeira, Atmosphärenforscher, USA

Die Kohlenstoff-Speicher

Wie können wir Öl, Gas oder Kohle ersetzen? Darauf sucht Ken Caldeira eine Antwort. Denn in Experimenten hat er erkannt: Die fossilen Brennstoffe schaden den Ozeanen weitaus stärker als lange gedacht

Der Schwerpunkt meiner Forschungsarbeit lag lange Zeit auf dem globalen Kohlenstoff-Kreislauf – insbesondere der Aufnahme und Abgabe von Kohlendioxid durch die Meere. Ich konnte nachweisen, dass die Anreicherung der Erdatmosphäre mit Kohlendioxid durch das Verbrennen fossiler Stoffe schwerwiegende Auswirkungen auf diesen Zyklus hat. Durch die erhöhte Aufnahme von CO_2 wird der pH-Wert der Meere in Zukunft immer weiter abnehmen: Sie „versauern".

In einem Experiment auf dem Great-Barrier-Korallenriff vor Australien habe ich versucht, eine Folge dieser Entwicklung zu simulieren. An einer flachen Stelle des Riffs ließ ich aus einem Tank große Mengen von stark CO_2-haltigem Wasser über die Korallen fließen – ich setzte sie sozusagen den künftigen Umweltbedingungen aus. Es zeigte sich, dass ihr Wachstum sich sofort verlangsamte und ihre Fähigkeit, ein stabiles Skelett zu bilden, stark eingeschränkt wurde.

Langfristig ist also die Existenz des gesamten Riffs gefährdet und mit ihm die Nahrungsgrundlage für zahlreiche Meereslebewesen.

Nicht nur aus diesem Grund halte ich die Energiegewinnung aus fossilen Brennstoffen für hochgefährlich – viel riskanter als etwa die friedliche Nutzung der Kernenergie. Bereits 2003 habe ich in einer Studie aufgezeigt, dass wir künftig eine nahezu emissionsfreie Art des Wirtschaftens und Lebens brauchen, um den durchschnittlichen Anstieg der Temperatur auf der Erde auf zwei Grad Celsius zu begrenzen.

Aus diesem Grund hat sich mein Forschungsinteresse in den letzten Jahren verschoben – weg von der Diagnose des Problems, hin zu möglichen Lösungsansätzen.

Inzwischen beschäftige ich mich überwiegend mit effizienter Energiegewinnung, insbesondere der Nutzung von Wind- und Sonnenenergie. Zum Beispiel errechne ich, wie dicht Windparks aneinandergebaut werden können, ohne sich gegenseitig Energie zu rauben.

Eine andere Studie befasst sich mit den gewaltigen Windströmen, die das Golfstromsystem über dem Nordatlantik erzeugt – man könnte sie künftig durch schwimmende Windparks auf dem Meer nutzen.

Schon heute könnten wir in den USA rund 80 Prozent des Strombedarfs durch erneuerbare Energien decken – zumeist nicht einmal teurer, manchmal sogar preiswerter als mit Kohle oder Gas.

Was fehlt, ist der politische Wille, die neuen Techniken einzusetzen. Für mich als Klimaforscher ist die derzeitige irrationale Rückbesinnung auf Kohle und Erdöl in den USA ein Albtraum. Ich schaue mit einem gewissen Neid nach Europa – vor allem nach Deutschland. Dort hat die Förderung erneuerbarer Energien für einen großartigen Entwicklungssprung bei Windkraft- und Solartechnologie gesorgt. Es würde dem Klima guttun, wenn viele Länder diesem Beispiel folgten.

85

Geoff Hargreaves, Jg. 1952, Kurator, USA

Im Eisschrank der Erdgeschichte

Jahr für Jahr bergen Forscher Proben aus dem Eis der Pole, um die Entwicklung des Klimas nachzuvollziehen. Geoff Hargreaves wacht über diese Bohrkerne – bis Wissenschaftler sie zur Analyse anfordern

In meinem Kühlhaus lagern derzeit mehr als 22 000 Meter an Eisbohrkernen aus Grönland und der Antarktis. Manchmal, wenn ich durch die Regalreihen gehe, überkommt mich ein Schauer. Nicht von den minus 36 Grad Celsius, die hier konstant herrschen. Sondern weil mir wieder einmal bewusst wird, dass mir hier eine Bibliothek der Erdgeschichte anvertraut ist. Denn an den Bohrkernen lässt sich die Entwicklung unseres Klimas der letzten 400 000 Jahre ablesen.

Zugleich ist es ein Archiv der Klimaforschung an sich, denn wir bewahren hier auch historische Eisbohrkerne auf. Der Älteste wurde vor 60 Jahren geborgen: Er stammt aus einer Bohrung der Forschungsstation „Little America" 1958 auf dem antarktischen Ross-Schelfeis.

Um manche Daten zu erfassen, braucht man spezielle Messinstrumente – etwa um in den Luftblasen, die vor langer Zeit im Eis eingefangen wurden, den Gehalt an Klimagasen zu bestimmen.

Anderes kann ich mit bloßem Auge erkennen: so die feine Maserung aus Jahresringen in grönländischen Bohrkernen. Sie entsteht, weil sommerliche Schneeablagerungen durch Staub getrübt sind, während das Eis, das sich durch Schneefall im Winter bildet, klarer ist.

Das Einbringen der „Eis-Ernte" ist Saisonarbeit: Von Mai bis Juli bekomme ich die Bohrkerne aus Grönland, danach wird es dort zu dunkel und zu kalt zum Bohren. Von November bis Ende Januar trifft das Eis von den Bohrungen in der Antarktis ein, wo zu dieser Zeit Sommer herrscht.

Ich trage bei der Arbeit immer lange Unterwäsche und einen Wollpulli, darüber eine Fleecejacke und einen Schneeanzug aus Daunen sowie vier Schichten Kopfbedeckung. Damit halte ich rund 20 Minuten durch, ehe ich zum Aufwärmen nach draußen muss.

Auch meine Maschinen musste ich erst einmal kältetauglich machen. Die meisten waren für Arbeiten in einem kleinen Holzsägewerk konzipiert und enthielten viele Bauteile aus Vinyl. Das aber wird bei Minustemperaturen brüchig, und so habe ich alle entsprechenden Segmente von Hand durch Komponenten aus einem kältebeständigen Kunststoff ersetzt.

Meine Aufgabe ist es, die Bohrkerne zu archivieren und für ihre Unversehrtheit zu sorgen. Oder für ihre möglichst effiziente Zerlegung – denn für die meisten Analysen müssen die Stangen in kleine Teile zersägt werden, die wir in Labore überall in den USA verschicken.

Die Herausforderung besteht darin, das Material so gut wie möglich aufzuteilen. Jeder Zentimeter ist kostbar, ich muss genau durchrechnen, wie viele Stücke in welcher Form und Größe ich mit meiner Bandsäge aus einem Bohrkern herausholen kann.

Ein Teil verbleibt allerdings dauerhaft in unserem Archiv – als unantastbarer Zeuge der Erdgeschichte.

Zeugen der Klimaentwicklung: Bei minus
36 Grad Celsius konserviert Geoff Hargreaves
Eisbohrkerne aus Grönland und der Antarktis

Joshua Wurman, Jg. 1960, Atmosphärenwissenschaftler, USA

Der Jäger der Winde

Lange wussten Forscher kaum etwas über die Verhältnisse in einem Wirbelsturm – bis Joshua Wurman in einen hineinfuhr, um ihn zu vermessen. Heute versteht kaum einer Tornados und Hurrikans so gut wie er

Als ich 1995 zum ersten Mal mit meinem Radar-Truck in einen Hurrikan hineinfuhr, war ich nervös. Würde die Technik den Gewalten standhalten? War ich in meiner Fahrerkabine wirklich sicher? Mein Ziel war es, einen Ort möglichst nah an der Küste zu finden und das Auge des Hurrikans über mich hinwegziehen zu lassen, während er vom Meer aus auf das Festland traf.

Meine Kollegen hatten mir dringend davon abgeraten: Es erschien ihnen viel zu riskant, eine Radarschüssel auf einen Lkw zu montieren, den mit Messtechnik und Computern vollzustopfen und sich einem Sturm mit Windgeschwindigkeiten von mehr als 200 km/h auszusetzen.

Aber ich war davon überzeugt, nur so neue Erkenntnisse über die Vorgänge im Inneren eines Hurrikans gewinnen zu können. Und dann war es so weit: Der Truck wurde von Windstößen und heftigem Regen durchgeschüttelt, und trotz massiver Abdichtungen drangen Wasser, Salz und Sand ins Innere.

Doch die Technik hielt stand – und zeichnete Daten in nicht gekannter Präzision auf. Ich gewann neue Einsichten in das Geschehen im Inneren des Hurrikans. Zum Beispiel, dass die Winde dort nicht horizontal wehen, sondern in Spiralen, nach Art eines Korkenziehers.

In der Wolkenwand, die das Auge des Hurrikans umschließt, entdeckte ich etliche senkrechte Windstrudel – fast wie kleine Tornados innerhalb des Hurrikans.

Diese bis dahin unbekannten Gebilde sind möglicherweise für einige der besonders schweren Verwüstungen verantwortlich.

Schon einige Monate zuvor hatte ich mein Radar auf Rädern in Texas sehr nah an einen Tornado herangefahren und Daten aus dem Inneren der Windhose aufgezeichnet. Und bereits dort hatte sich gezeigt, dass meine Nähe einen völlig neuen Zugang zu extremen Wetterereignissen ermöglicht.

Anstatt im Nachhinein anhand der hinterlassenen Schäden grobe Schätzungen über Windgeschwindigkeiten vorzunehmen, konnte ich jetzt ganz genau messen, bei welchen Windverhältnissen beispielsweise ein Hausdach abhebt, oder ein ganzes Gebäude umgeblasen wird.

Derzeit analysiere ich die Entstehung von Windhosen aus bestimmten Gewittertypen und hoffe, dass Tornados dadurch künftig besser vorhergesagt werden können.

Ich habe mit meinem mobilen Radar mittlerweile mehr als 200 Tornados und 14 Hurrikans beobachtet. Immer wieder kommt es dabei zu brenzligen Situationen. Etwa, als eine Windhose plötzlich direkt auf den Truck zusteuerte, oder als Regenwasser einen Kurzschluss und Feuer in der Hochspannungselektrik verursachte.

Doch die Erfahrung, die ich mittlerweile gewonnen habe, half mir. Mein Puls bleibt inzwischen die meiste Zeit ruhig – wie das Auge des Hurrikans.

Estefania Tapias, Jg. 1988, Stadtklima-Forscherin, Zürich

In der Hitze der Metropolen

Vor allem in Städten verändert sich das lokale Klima enorm: Mancherorts überhitzen urbane Regionen schon heute. Gemeinsam mit
Architekten und Ingenieuren sucht Estefania Tapias nach Lösungen

Tropische Großstädte wie etwa Singapur werden in Zukunft besonders stark unter der Erderwärmung leiden. Schon jetzt bilden sie sogenannte „Hitze-Inseln", in denen die Temperatur durch die dichte Bebauung immer ein paar Grad Celsius über der der Umgebung liegt.

Menschen in Asien empfinden Temperaturen ab etwa 35 Grad als Belastung. Damit sind sie zwar deutlich besser an Hitze angepasst als Mitteleuropäer, die schon ab 29 Grad Celsius körperlich gestresst sind. Aber in den ohnehin sehr warmen Tropen droht die 35-Grad-Celsius-Marke in Zukunft immer häufiger überschritten zu werden.

In meiner Forschung interessiert mich vor allem, wie Menschen diese Folge des Klimawandels subjektiv empfinden. In dem Projekt „Cooling Singapore" versuche ich durch genaue Befragungen von Stadtbewohnern herauszufinden, welche Faktoren den größten Hitzestress verursachen und was Linderung verschaffen kann.

Ein Ergebnis meiner Befragungen sind „Hitze-Karten", auf denen die verschiedenen Mikro-Klimate innerhalb einer Stadt verzeichnet sind. Es ist erstaunlich, wie viele dieser subjektiven Klimazonen es auf engstem Raum gibt.

Dort etwa, wo Gebäude mit Stein- oder Betonfassaden die Hitze speichern und die Luftzirkulation verhindern, steigt die Temperatur im Laufe des Tages sprunghaft an. Damit es im Inneren kühl bleibt, erzeugen viele Gebäude nach außen hin sogar noch mehr Hitze: In Singapur gibt es etliche schmale Passagen, die durch die Abluft von Klimaanlagen zusätzlich aufgeheizt werden. Wenn dann noch die heißen Abgase des Autoverkehrs hinzukommen, empfinden die Menschen das entstehende Mikroklima als unerträglich.

Meine Befragungen haben auch eine alte Erkenntnis bestätigt: Wohler fühlen sich die meisten Menschen an den Orten in der Stadt, an denen es Vegetation gibt. Denn Pflanzen reinigen die Luft, kühlen sie durch Verdunstung und spenden Schatten.

Gleichwohl muss man sie mit Bedacht pflanzen. Belaubte Straßenbäume sind in einer Stadt wie Singapur problematisch, weil dichtes Blattwerk die Luft zum Stocken bringt. Palmen dagegen, die Luftzirkulation zulassen und gleichzeitig Schatten spenden, eignen sich dort am besten.

Obwohl Singapur eine tropische Großstadt ist, die sich sehr um die Verbesserung des Stadtklimas bemüht, bin ich meist froh, wenn ich wieder an meinem Institut in der kühlen Schweiz bin.

Ich stamme zwar aus Kolumbien, das ebenfalls in den Tropen liegt. Doch aufgewachsen bin ich in der Hauptstadt Bogotá auf mehr als 2600 Meter Höhe, in einer gemäßigten Klimazone.

Wärmer als 23 Grad Celsius wird es dort nur selten – ganz wie in Zürich.

In Zürich und Singapur erforscht Estefania Tapias, wie Wetter und Klima das Wohlbefinden von Menschen beeinflussen, die dicht gedrängt leben

Korallen im Labor:
Ruth Gates forscht am
Gates Coral Lab auf
Hawaii nach Möglichkeiten,
die großen Riffe der
Erde zu retten

Ruth Gates, Jg. 1962, Biologin, Hawaii

Gegen das Massensterben

Unaufhaltsam scheint das Verschwinden der Korallen weltweit durch die Erwärmung des Wassers. Doch die Meeresbiologin Ruth Gates trainiert die Abwehrkräfte der Lebensgemeinschaften — mit Erfolg

Als ich zum ersten Mal am Rio Bueno Reef vor Jamaica hinabtauchte, war ich überwältigt. Über und unter mir erstreckte sich eine vor Leben vibrierende Farbenpracht aus Fischen, See-Anemonen – und Korallen, die all diesen Kreaturen einen Lebensraum boten. Ich hatte das Gefühl, durch eine Kathedrale des Lebens zu schweben, angefüllt mit verschwenderischer Schönheit.

Das Gefühl großer Ehrfurcht hat mich seither ebenso wenig verlassen wie die Faszination für die besondere, symbiotische Lebensweise der Korallen: In bestimmten Körperzellen beherbergen sie Algen, die sie mit Nährstoffen versorgen und die auch für die leuchtenden Farben verantwortlich sind.

Verblüffend finde ich auch, dass die oft nur Millimeter kleinen Korallen im Laufe der Jahrtausende Strukturen von der Größe des 2300 Kilometer langen Great Barrier Reef vor Australien bilden können.

Umso größer ist der Schmerz darüber, dass viele dieser für Mensch und Natur so wichtigen Ökosysteme durch die Erderwärmung unwiederbringlich verloren zu gehen drohen. Denn die höheren Temperaturen schädigen die symbiotischen Lebensgemeinschaften, sodass die Korallen ausbleichen und nach einiger Zeit eingehen.

In den vergangenen 40 Jahren ist die Hälfte aller Korallen weltweit zerstört worden – eine katastrophale Situation, nur vergleichbar mit dem Absterben ganzer tropischer Regenwälder. Allein 2016 und 2017 hat sich das Meer rund um das Great Barrier Reef so sehr aufgeheizt, dass ein Drittel dieses größten lebenden Organismus unseres Planeten abgestorben ist.

In meinem Institut auf Hawaii erforsche ich, ob und wie man Korallen fit für den Klimawandel machen kann. Im Labor simulieren wir die Bedingungen des Ozeans der nahen Zukunft und beobachten unter dem Mikroskop, wie die Korallen auf den Hitzestress reagieren.

Die meisten von ihnen werden krank: Mithilfe der optischen Vergrößerung kann man verfolgen, wie die Zahl der lebenswichtigen Algen in ihren Zellen immer weiter abnimmt, wie sich ihr Stoffwechsel verlangsamt und wie sie am Ende verblassen und eingehen.

Doch es gibt auch Grund zur Hoffnung: Einige Korallen überstehen solche Hitzeperioden, erholen sich wieder – und sind fortan besser gegen Temperaturanstiege gewappnet. Sie sind sogar in der Lage, diese Widerstandsfähigkeit an die nächste Generation weiterzugeben.

Wir arbeiten daran, solche resilienten Korallen zu identifizieren und ihre Abwehrmechanismen zu trainieren. Im nächsten Schritt versuchen wir dann, sie zu vermehren und gezielt in gefährdeten oder bereits abgestorbenen Zonen von Korallenriffen anzusiedeln.

Die ersten Resultate sind vielversprechend: Eine Rückkehr der Koralle mit menschlicher Unterstützung wird zwar lange dauern – aber sie scheint möglich zu sein.

93

Ständige Kontrolle: Fast
jeden Tag entnimmt Ernesto
Molina Proben aus dem
Wasser nahe der chilenischen
Antarktis-Station

Ernesto Molina, Jg. 1972, Biochemiker, Chile

Die Vorboten am Südpol

Wenn winzige Lebewesen im Meer massenhaft sterben, stürzt das Ökosystem ins Chaos. Deshalb untersucht Ernesto Molina akribisch, welche Klimafaktoren dem Plankton im Antarktischen Ozean schaden

Ich forsche seit acht Jahren auf der antarktischen Halbinsel südlich von Chile – klimageschichtlich ein winziger Zeitraum. Und doch habe ich in diesen Jahren Veränderungen wahrgenommen, die die Daten zum Klimawandel bestätigen: Die Gletscher auf der Halbinsel ziehen sich zurück, im Sommer gibt es häufiger Regen als Schnee. Ganze Landstriche sind dann eis- und schneefrei. Die antarktische Halbinsel entwickelt sich in Richtung eines subantarktischen Klimas.

Diese Veränderungen zeigen sich auch in meinem Forschungsgebiet, dem Plankton. So sinkt etwa durch das Abschmelzen der Gletscher der Salzgehalt des Wassers. Dadurch verändert sich die Zusammensetzung des Photosynthese betreibenden Phytoplanktons.

Auch das Meereis schmilzt nun stärker. Das ändert zwar nichts am Salzgehalt des Wassers, doch manche Arten von Zooplankton, etwa Krill, brauchen das Meereis als Schutzraum, um zu überwintern.

Da Plankton am Anfang der Nahrungskette im Meer steht, lösen diese Veränderungen eine Kettenreaktion aus, von der auch Fische und Meeressäuger betroffen sind. An den Polen kann man solche Entwicklungen gut beobachten, weil der Klimawandel sich dort besonders stark auswirkt. Daher hat meine Forschung eine Art Modellcharakter für andere Regionen der Erde.

Um an meine Daten zu kommen, nutze ich Aufnahmen von Satelliten, deren hochempfindliche Detektoren Chlorophyll registrieren können, jenen Stoff, der dem Phytoplankton seine grüne Farbe verleiht.

Zusätzlich entnehme ich selber Wasserproben, wenn möglich jeden Tag. In schneidender Kälte, oft bei starkem Wind, fahre ich mit dem Schlauchboot aufs Wasser.

Oder ich bohre ein Loch ins Meereis, messe mit verschiedenen Sonden Temperaturen, Salzgehalt, Dichte und Lichtverhältnisse und untersuche anschließend die Wasserproben im Labor.

Es ist eine anstrengende Arbeit, aber ich mache sie gern, nicht nur aus wissenschaftlichen Gründen. Ich liebe die Stille und die Weite der Landschaft auf der antarktischen Halbinsel. Besonders im Winter ist es schön dort: Dann ist der Himmel den ganzen Tag über orangefarben getönt, wie ein immerwährender Sonnenaufgang.

Mitunter gibt es auch heftige Schneestürme, und ich kann die Station tagelang nicht verlassen. Mir gefällt es, während solcher Stürme an einem warmen, sicheren Ort zu sein und durchs Fenster die Schneeflocken vorbeijagen zu sehen.

Es ist wie in einer Science-Fiction-Raumstation: Drinnen laufen alle mit kurzärmeligen T-Shirts herum, und ich spiele mit meinen Kollegen Tischtennis, draußen würde man bei gefühlten Minus 75 Grad Celsius kaum mehr als ein paar Minuten überleben.

Das Klima in der Antarktis ist eben auch in Zeiten globaler Erwärmung noch immer extrem .

95

DER ÜBERHIT PLANET

96

War der Mensch über
Jahrtausende den Gewalten der
Natur ausgesetzt, so ist er
im Industriezeitalter selbst zur
Naturgewalt geworden:
Er beeinflusst die Zusammensetzung der Erdatmosphäre –
und sorgt so für globale
Veränderungen, gewaltig und
rasant. Werden wir sie
bewältigen?

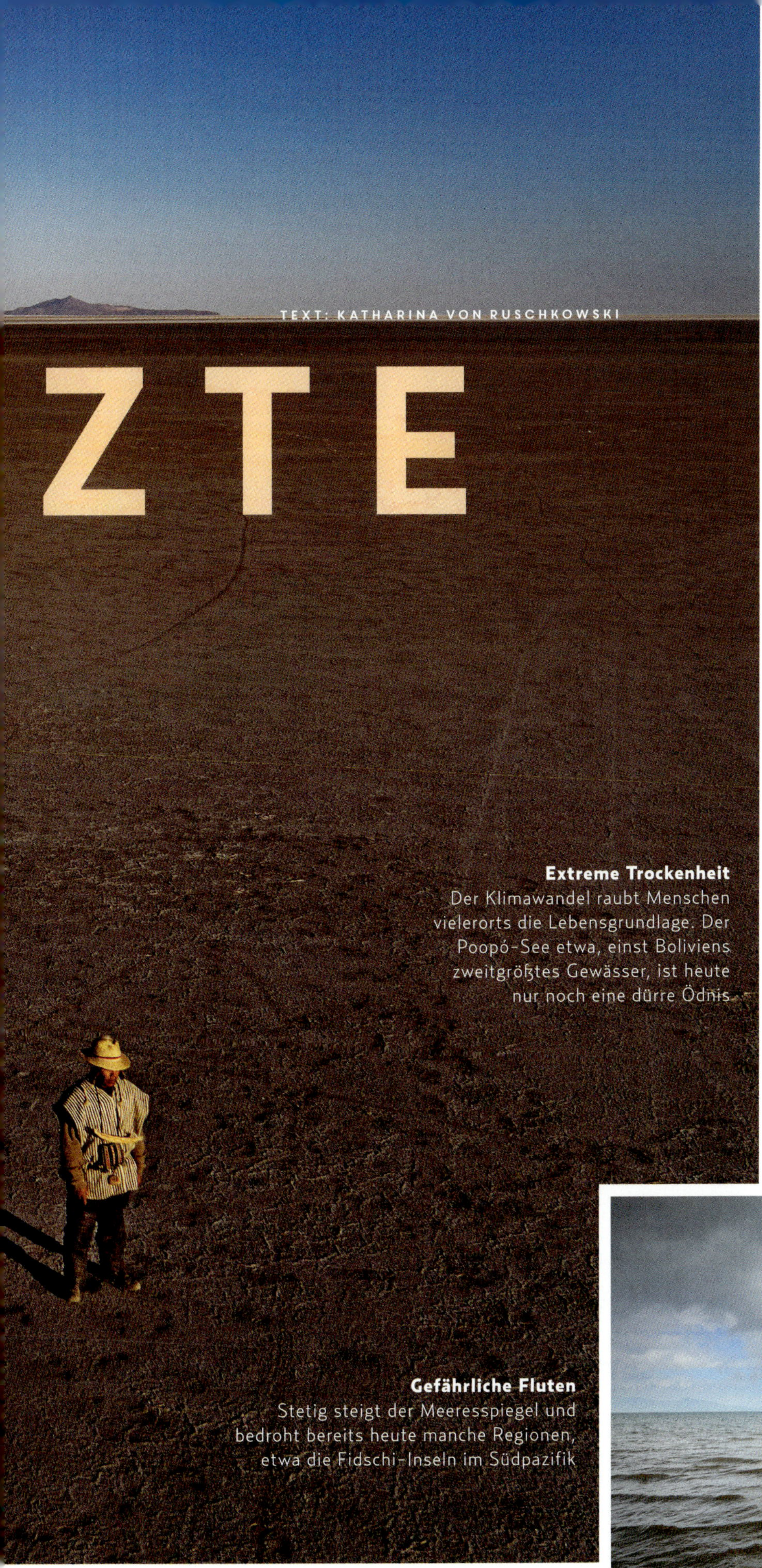

ÄRZTE

Extreme Trockenheit
Der Klimawandel raubt Menschen
vielerorts die Lebensgrundlage. Der
Poopó-See etwa, einst Boliviens
zweitgrößtes Gewässer, ist heute
nur noch eine dürre Ödnis

Gefährliche Fluten
Stetig steigt der Meeresspiegel und
bedroht bereits heute manche Regionen,
etwa die Fidschi-Inseln im Südpazifik

Am Ende könnte es einem peruanischen
Kleinbauern gelingen, den entscheiden-
den Anstoß dafür zu geben, was Staats-
chefs und Forscher seit Jahren nicht
schaffen: den Klimawandel zu stoppen.

Das jedenfalls ist die Hoffnung der
Kläger in dem Verfahren mit dem Akten-
zeichen I-5 U 15/17, das an einem milden
Tag Mitte November 2017 im westfäli-
schen Hamm in die nächste Instanz geht.

Das Oberlandesgericht. Um Punkt
12 Uhr betreten die Richter den Saal, die
Anwesenden erheben sich: auf der einen
Seite der Kläger Saúl Luciano Lliuya, ein
Kleinbauer aus Peru, und seine Anwältin,
auf der anderen die Anwälte des Beklag-
ten, des Essener Konzerns RWE.

Der Energieriese gewinnt einen
Großteil seiner Erzeugnisse aus beson-
ders klimaschädlicher Braunkohle. Der
Konzern und seine Vorgänger sind seit
Beginn der Industrialisierung für etwa
0,5 Prozent der menschengemachten
Emissionen verantwortlich und Europas
größter Einzelemittent des klimaschäd-

9 7

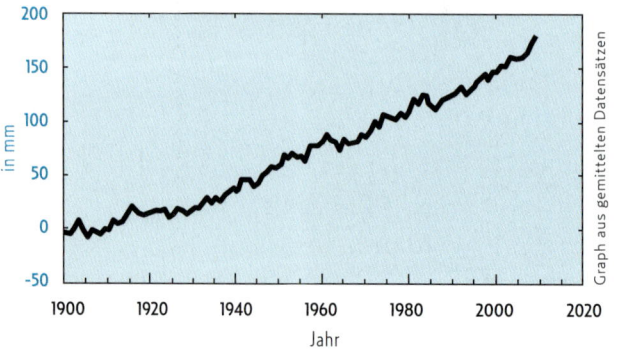

Nie zuvor hat es solch einen Prozess gegeben. Lliuya hat RWE verklagt, sich am Bau eines schützenden Staudamms zu beteiligen. Der Konzern soll, entsprechend seinem Anteil an den weltweiten CO_2-Emissionen, knapp 0,5 Prozent der Kosten tragen. Es geht um umgerechnet 17 000 Euro – und doch um viel mehr.

Verhandelt wird die Frage nach der Verantwortung für den aktuellen Klimawandel und dessen Folgen. Sollte Lliuya den Prozess gewinnen, könnte das Urteil zu einer Vorlage für viele weitere Klimaklagen rund um den Globus werden.

Es würde den Druck auf Politik und Wirtschaft erhöhen, entschiedener gegen die weltweite Erwärmung vorzugehen.

D

Das Klima unseres Planeten hat sich im Lauf seiner Geschichte immer wieder verändert. Lange Kalt- und kürzere Warmzeiten traten etwa alle 100 000 bis 125 000 Jahre auf. In den Kaltzeiten war die globale Durchschnittstemperatur um bis zu fünf Grad Celsius niedriger – verglichen mit der heutigen, die bei etwa 15 Grad liegt. (Zurzeit befinden wir uns in einer Warmzeit zwischen den Kaltzeiten.)

Oft kam es zu solchen Schwankungen, weil die Erde die Sonne nicht immer auf der gleichen Umlaufbahn und im gleichen Neigungswinkel umkreist, was zu Veränderungen der einfallenden Sonnenenergie führt. Auch große Vulkanausbrüche hatten wiederholt Einfluss auf das Klima. Herausgeschleuderte Stäube hinterließen ihre Spuren in der Atmosphäre und wirkten sich auf das Klima aus. Wie stark, ist umstritten.

Veränderungen vollzogen sich in der Regel langsam, oft über Jahrzehntausende hinweg, sodass das Erdsystem Zeit hatte, sich dem Wandel anzupassen. Tiere und Pflanzen etwa stellten sich auf kletternde oder fallende Temperaturen ein (siehe Seite 108). Ozeane speicherten allmählich Klimagase wie das CO_2, ohne dass sich dies gravierend auf ihre Chemie auswirkte.

Die derzeitigen Klimaveränderungen vollziehen sich dage-

Bedrohliche Kraft
Die steigenden Fluten der Ozeane zerstören auch in Europa Küsten, etwa hier eine Uferstraße in Großbritannien

98 lichen Gases Kohlendioxid (CO_2) – das ergab das Studium historischer Quellen und Datensätze. Und stellvertretend für andere Konzerne wie Exxon und Shell steht RWE jetzt vor Gericht.

Um die Schuld- und Schadenersatzfrage des Klimawandels zu klären, hat sich Saúl Luciano Lliuya, unterstützt von einer Umweltorganisation und einer Stiftung, auf den weiten Weg nach Deutschland und durch die juristischen Instanzen gemacht.

Mögen die Folgen des Klimawandels anderswo abstrakt sein, in seinem Land sind sie real: Hoch über seiner Heimatstadt Huaraz in den Anden liegt ein Gletschersee, der überläuft, weil die Welt immer wärmer wird und das Eis schmilzt. In den vergangenen 40 Jahren hat seine Füllmenge um mehr als das 30-Fache zugenommen. Bräche einer der mächtigen Eisbrocken ab, die den See rahmen, würde eine meterhohe Welle ins Tal stürzen – wo Lliuya lebt.

Der 37-Jährige will das nicht hinnehmen und daher die Verursacher des Klimawandels vor Gericht bringen.

Der Meeresspiegel steigt

Graph aus gemittelten Datensätzen

Eine der dramatischsten Folgen des Klimawandels ist der Anstieg des Meeresspiegels: Zum größten Teil ist diese Entwicklung auf die Erwärmung – und damit verbundene Ausdehnung – des Meerwassers zurückzuführen

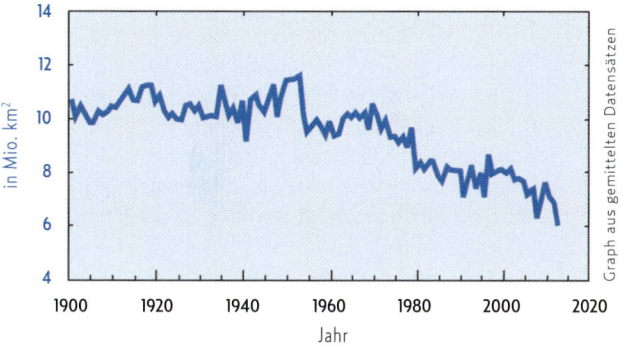

gen rasend schnell. Seit 1980 ist die globale Durchschnittstemperatur um fast ein Grad gestiegen – so abrupt wie nie zuvor, seit es Menschen auf der Erde gibt. Und seit 2010 haben wir die fünf wärmsten Jahre seit Beginn der Wetteraufzeichnung erlebt.

Und noch etwas unterscheidet die gegenwärtige Erwärmung von allen bislang bekannten: Ihre Ursache ist nicht natürlichen Ursprungs – sondern, darin sind sich fast alle Wissenschaftler einig, in weiten Teilen menschengemacht.

Durch ungebremste Nutzung fossiler Brennstoffe und das dabei entstehende Gas Kohlendioxid verändert *Homo sapiens* die Erdatmosphäre – jene überlebenswichtige Gashülle, die unseren Planeten umgibt.

War der Mensch über Jahrtausende hinweg der Natur und ihren Gewalten ausgesetzt, so ist er mit Beginn der Industriel-

Gigantische Schmelze

Mit dem Anstieg der globalen Temperatur taut Jahr für Jahr gefrorenes Wasser an Nord- und Südpol (hier im norwegischen Spitzbergen)

Das Eis der Arktis schmilzt

in Mio. km²

14
12
10
8
6
4

1900 1920 1940 1960 1980 2000 2020

Jahr

Graph aus gemittelten Datensätzen

Immer rasanter schwindet das Meereis an den Polkappen. Allein in den arktischen Sommern ist es seit 1970 auf fast die Hälfte seiner Ausdehnung geschmolzen. Jedes Jahr löst sich dort durchschnittlich eine Fläche von der Größe Portugals auf

len Revolution selbst zur Naturgewalt geworden, zum mächtigen Treiber geologischer und geophysikalischer Prozesse.

Im Jahr 1769 ließ der Schotte James Watt die von ihm entscheidend verbesserte Dampfmaschine patentieren und eröffnete damit das Industriezeitalter. Maschinen ersetzten bald allerorten Menschen und ihre Muskelkraft: In den Fabriken surrten automatische Webstühle, Lokomotiven zogen Waggons mit Menschen und Gütern durch die Lande, Dampfschiffe kreuzten die Meere.

Die Energie, die all dies am Laufen hielt, gewann man vor allem durch die Verfeuerung von Holz und Kohle, später auch von Erdöl und Erdgas. Solche fossilen Brennstoffe sind im Grunde tote Biomasse, die im Lauf von Jahrmillionen durch geologische Prozesse umgewandelt wurde. In der Biomasse, etwa Holz oder Plankton, wurde einst Kohlenstoff aus der Atmosphäre gespeichert. Werden Erdöl, Gas und Kohle heute verheizt, wird er wieder freigesetzt und verbindet sich mit dem Sauerstoff der Luft zum schädlichen Klimagas CO_2.

Gigantische Mengen Kohlendioxid wurden seit der Industrialisierung in die Atmosphäre gepustet. So verstärkte der Mensch ein Phänomen, das – eigentlich – Leben überhaupt erst ermöglicht, allmählich jedoch bedroht: den Treibhauseffekt.

Immerzu fällt Sonnenlicht auf die Erde; etwa ein Drittel davon wird vor

telt unseren Planeten und wirkt tatsächlich wie ein Treibhaus. Sie lässt Sonnenlicht ungehindert auf die Erde hindurchscheinen und sorgt gleichzeitig dafür, dass das reflektierte Licht wieder ins All entweichen kann, nicht aber die Wärmestrahlung, die die Erde abgibt. Die sammelt sich innerhalb der Atmosphäre: wie im Inneren eines Treibhauses.

Verantwortlich für diesen Vorgang sind bestimmte „Klimagase" – vor allem CO_2, aber auch Ozon, Methan und andere. Ihre Moleküle speichern die Wärme und geben sie später in alle Richtungen

Flutender Regen
In rascher Folge entfesseln sich Gewitter — und überschwemmen etwa Äcker in Großbritannien

allem von hellen Flächen wie Wolken, Schnee und Eis reflektiert. Zwar entschwindet die zurückgeworfene kurzwellige Sonnenstrahlung wieder ins All. Die von der Erde entsandte, langwellige Wärmestrahlung jedoch verbleibt in der Atmosphäre. Ohne den genauen Grund benennen zu können, verglich der französische Mathematiker Jean-Baptiste Fourier diesen Effekt bereits vor knapp 200 Jahren hellsichtig mit der Wirkung einer Glasscheibe, die über ein Pflanzenbeet gehalten wird. Nachfolgende Forscher bestätigten und präzisierten den Befund.

Eine gasförmige, viele Kilometer dicke Hülle, die Erdatmosphäre, ummantelt unseren Planeten und wirkt tat-

ab: So erhitzen sie die umgebende Luft. Dieser „Treibhauseffekt" ist existenziell für alles Leben auf der Erde. Ohne ihn wäre unser Planet im kalten Universum längst zur Eiswüste erstarrt – mit einer Durchschnittstemperatur von etwa minus 18 Grad Celsius.

Nur in vergleichsweise winzigen Mengen kommen Klimagase in der Atmosphäre vor (Kohlendioxid ist dort zu etwa 0,04 Prozent enthalten) und prägen doch das Klima auf der Erde entscheidend. Steigt ihr Anteil in der Atmosphäre, heizt sich die stärker auf: Die globalen Durchschnittstemperaturen nehmen – beinahe zeitgleich – zu.

Seit Beginn der Industrialisierung hat die CO_2-Konzentration in der Atmosphäre um 45 Prozent zugenommen: von 280 ppm *(parts per million)* zu Watts Zeiten auf rund 410 ppm heute. Anschaulicher drückt sich dies darin aus: Jedes Jahr blasen Autos, Flugzeuge, Kraftwerke und Fabriken so viel Kohlenstoff in Form von CO_2 in die Luft, wie in einer Million Jahren in Form von Kohle, Öl und Gas in fossilen Lagerstätten gebunden wurde.

Schon früh haben Wissenschaftler wie Politiker erkannt, welch große Gefahren der ungebremste CO_2-Ausstoß bergen kann. Bereits im Jahr 1965 warnte ein Klimabericht an die US-Regierung

Orten dieser Welt spür-, mess- und beobachtbar. Am deutlichsten in den Permafrost- und Gletschergebieten quer über den Globus sowie an den Polkappen.

Seit 1970 ist das arktische Meereis im Sommer auf fast die Hälfte der Fläche geschmolzen; so verschwindet jedes Jahr durchschnittlich Eis in der Ausdehnung Portugals – mittlerweile schneller als je zuvor. Immer mehr strömendes Schmelzwasser befördert den Prozess zusätzlich.

Auch das antarktische Meereis verliert ständig an Masse – vor allem im Westen und Osten des Kontinents, wo er auf immer wärmere Ozeane trifft.

Denn das ist eine weitere, wesentliche Folge der Erwärmung: Mit der globalen Durchschnittstemperatur ist auch die der Ozeane gestiegen – in den vergangenen 100 Jahren um 0,7 Grad Celsius.

Durch das Schmelzwasser aus den Eisgebieten sowie die größere Ausdehnung, die wärmeres Wasser hat, hebt sich der Meeresspiegel – seit 1880 um rund 20 Zentimeter. Aktuellen Satellitenmessungen zufolge steigt der Pegel nun jedes Jahr ein bisschen schneller. Schon 2100 könnte er – bei gleichbleibendem Tempo – mehr als 60 Zentimeter höher liegen als 2005. Besorgniserregend ist dies vor allem für die dann etwa 130 Millionen Menschen, deren Heimat weniger als ein Meter über dem Meeresspiegel liegt.

Die Gefahren des Klimawandels liegen aber nicht nur oberhalb der Wasserlinie, sondern auch darunter. Denn wenn CO_2 auf Wasser trifft, reagiert es zu Kohlensäure. Dadurch sinkt der pH-Wert des Meerwassers. Laut Berechnungen ist der seit der Industrialisierung um den Wert 0,1 gesunken.

Das bedeutet: Die Anzahl jener Teilchen, die den Säuregrad des Wassers ausmachen, hat seit der Industrialisierung um 30 Prozent zugenommen; bis zum Ende des Jahrhunderts soll der pH-Wert um weitere 0,3 bis 0,4 Punkte fallen.

101

Anhaltende Dürre
Wo Niederschläge die
Landschaft erblühen ließen,
herrscht heute Trockenheit
(hier in Kalifornien)

vor einer kaum mehr zu kontrollierenden Erderwärmung, vor steigenden Meeresspiegeln, schmelzenden Polkappen.

„Der Mensch", heißt es in dem Dokument, „hat unwissentlich ein ungeheures geophysikalisches Experiment in Gang gesetzt." Beinahe gleichzeitig erlaubten die ersten Klimamodelle einen genaueren Blick auf das, was Menschen in einer erwärmten Welt bevorsteht: Hitzewellen, Waldbrände, Dürren, Stürme, Fluten, schwindendes Eis, Bergstürze durch tauenden Permafrost, steigende Meere.

Etliche Aspekte dieses Szenarios sind mittlerweile wahr geworden. Zwar ist die globale Durchschnittstemperatur bislang im Vergleich zum späten 19. Jahrhundert um nur knapp über ein Grad Celsius angestiegen. Das mag nach nicht besonders viel klingen – aber dennoch sind die Folgen der globalen Erwärmung bereits an vielen

Die Temperaturen nehmen zu

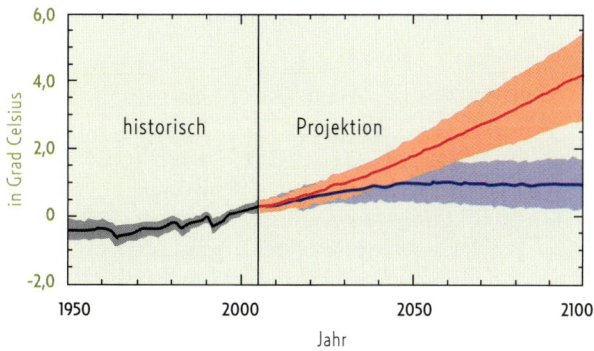

Diese Grafik aus dem letzten Sachstandsbericht des Weltklimarats zeigt die globale Durchschnittstemperatur an der Erdoberfläche zwischen 1950 und 2005 (links) sowie Szenarien für die Zukunft: Wenn weiterhin viele Klimagase produziert werden (rot) – und wenn wir diese massiv reduzieren (blau)

102

Schädliche Gase
Durch die ungebremste Nutzung von fossilen Brennstoffen, etwa wie hier in einem Kohlekraftwerk, verändert der Mensch die Erdatmosphäre

Die schleichende Veränderung von Temperatur und Chemie des Meerwassers macht dessen Bewohnern zu schaffen. Es ist zu einem Artensterben gekommen. Zum Sinnbild dafür sind Korallenriffe wie das Great Barrier Reef vor der Ostküste Australiens geworden. Vor allem der Hitze- und Versauerungsstress hat große Teile der so farbigen Korallen zu fahlen Skeletten verkommen lassen.

Doch nicht immer sind die Folgen des Klimawandels so offensichtlich. Stei-

gende Globaltemperaturen führen paradoxerweise auch zur Abkühlung des nördlichen Atlantik. Klimaforscher am renommierten Potsdam-Institut für Klimafolgenforschung beobachten schon seit Jahren, dass ein komplexes System von Meeresströmungen, zu dem auch der Golfstrom zählt, an Kraft verliert.

Der Golfstrom gilt als Heizung Europas, die dem Kontinent ein vergleichsweise mildes Klima beschert. Vermutlich lässt das Schmelzwasser, das aus den arktischen Regionen in den Atlantik strömt, die gigantische Umwälzpumpe nun schwächeln (siehe Seite 46).

Zudem führen Temperaturanstiege nicht nur zu Dürren. In vielen Teilen Europas, darunter auch Gegenden in Deutschland, bedingt der Klimawandel mit einiger Wahrscheinlichkeit sogar steigende Niederschlagsmengen, weil es infolge stärkerer Verdunstung häufiger zu starken Regenfällen kommt (siehe Seite 116).

Klimawandelleugner stellen infrage, dass solche Extremwetterereignisse in direktem Zusammenhang mit dem Klimawandel stehen: Starkregen, Dürren, Stürme habe es schließlich auch schon gegeben, ehe sich die Erde erwärmte.

Tatsächlich ist es schwierig auszumachen, ob einzelne Wetterkatastrophen unzweifelhaft vom Klimawandel ausgelöst wurden. Gewiss aber ist: Die Erderwärmung hat die Wahrscheinlichkeit, dass es zu extremen Wetterereignissen kommt, nachweislich erhöht.

Zudem verstärkt der Klimawandel die Intensität einzelner Wetterkapriolen: Hurrikans und Zyklone wirbeln plötzlich mit einer bislang ungekannten Wucht, Überschwemmungen fallen heftiger aus, Dürrephasen dauern länger an.

Seit 2008, so eine Studie, werden aufgrund von Naturkatastrophen jährlich mehr als 26 Millionen Menschen zur Flucht gezwungen – fast jede Sekunde wird ein Mensch vertrieben. Viele Experten befürchten, die Zahl könnte angesichts der aktuellen Klimaprognosen noch stark zunehmen.

Längst haben große Teile der Weltgemeinschaft die Erderwärmung zur mächtigsten Herausforderung der Menschheit erklärt. Der CO$_2$-Ausstoß müsse gesenkt werden – denn stiege der Kohlenstoffanteil in der Atmosphäre weiter ungehindert, wäre bis zum Jahr 2150 gegenüber dem Ende des 19. Jahrhunderts eine Erwär-

Woher die Klimagase kommen

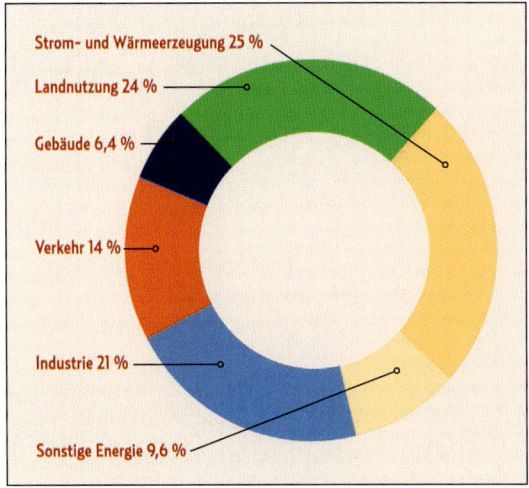

Strom- und Wärmeerzeugung 25 %

Landnutzung 24 %

Gebäude 6,4 %

Verkehr 14 %

Industrie 21 %

Sonstige Energie 9,6 %

Klimagas-Emission nach Wirtschaftssektoren

Der Ausstoß von Gasen, die zur Erderwärmung beitragen (Klimagase), nimmt in fast allen Wirtschaftssektoren zu. Doch nicht alle Branchen tragen gleichermaßen dazu bei: Die meisten Emissionen stammen aus der Strom- und Wärmeerzeugung und Landnutzungen wie der Forstwirtschaft. Bei einem großen Teil der Gase aus der Strom und Wärmeerzeugung allerdings handelt es sich um »versteckte Emissionen« der Industrie

Immer mehr Kohlendioxid (CO$_2$)

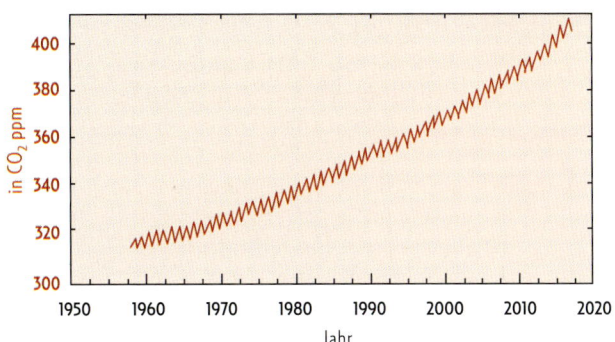

in CO$_2$ ppm

Seit 1958 ist der Kohlendioxid-Anteil in der Atmosphäre von etwa 315 auf mittlerweile rund 410 ppm (Liter CO$_2$ je eine Million Liter Luft) gestiegen. Die Zacken der Kurve machen sichtbar: Wälder nehmen im Sommer viel CO$_2$ auf, nicht jedoch im Winter

mung um durchschnittlich etwa sechs Grad Celsius zu erwarten. Dabei halten viele Forscher schon die Risiken einer Erwärmung jenseits von zwei Grad vor dem vorindustriellen Niveau für kaum beherrschbar.

Doch trotz aller Absichtsbekundungen, Strategien und Beschlüsse ist bislang wenig geschehen – im Gegenteil. Die weltweiten CO$_2$-Emissionen sind seit den 1990er Jahren, als die großen Klimakonventionen von Rio und Kyoto verfasst wurden, um fast 60 Prozent gestiegen, die Kohleförderung hat sich nahezu verdoppelt, die Zahl der Flugpassagiere mehr als verdreifacht.

Nun aber drängt die Zeit. Denn aktuell „übersteigt das Tempo der Veränderungen alles, was in der bisherigen Zivilisationsgeschichte geschah", so Stefan Rahmstorf, Forscher am Potsdam-Institut.

Auf der 21. Klimakonfe-renz im Jahr 2015 in Paris erklärten erstmals 195 Industrie- und Schwellenländer gemeinsam, ihre Treibhausgas-Emissionen einzudämmen.

Schon in der zweiten Hälfte des 21. Jahrhunderts solle der CO$_2$-Ausstoß auf null heruntergefahren sein. Ziel sei es, dadurch die Erwärmung deutlich unter zwei Grad Celsius im Vergleich zum vorindustriellen Niveau zu drosseln – und sich anzustrengen, den Anstieg noch auf ein halbes Grad weniger, auf 1,5 Grad Celsius zu begrenzen.

Es war vor allem dieses angestrebte 1,5-Grad-Ziel, das viele kleine, ärmere Staaten dazu bewog, dem Abkommen überhaupt zuzustimmen: Länder wie Peru, die Heimat von Saúl Luciano Lliuya, in denen der Klimawandel längst bedrückende Realität ist.

Im Herbst 2018 will der Weltklimarat IPCC einen Sonderbericht vorlegen, aus dem hervorgeht, dass dieses halbe Grad für bestimmte Ökosysteme und Weltregionen tat-

Was sagen die Skeptiker?

Immer wieder behaupten Menschen, der Klimawandel sei nicht gefährlich,
eine Lüge gar. Doch ihre Theorien lassen sich rasch widerlegen

Der Mensch erwärmt die Erde, darin sind sich fast alle Klimaforscher einig. Und doch gibt es viele Skeptiker, die im Klimawandel einen natürlichen Vorgang sehen und dessen Risiken herunterspielen. Verschwörungstheoretiker vermuten sogar, Warner vor der Erderwärmung wollten nur an erneuerbaren Energien oder der Erforschung des Klimawandels verdienen.

Im Folgenden sind die geläufigen Argumente der Klimawandelskeptiker aufgeführt — sowie die Antworten der aktuellen Forschung dazu.

I. Der Einfluss der Sonne ist stärker als angenommen.

Die Sonne ist der Energielieferant der Erde — und der Motor für das Weltklima. Daher wirken sich natürliche Schwankungen der Sonnenaktivität auch auf das Klima aus. Doch präzise Daten von Satelliten zeigen: Die zyklisch auftretenden Schwankungen sind viel zu gering, um die rapide ansteigende Durchschnittstemperatur unseres Planeten in den vergangenen rund 100 Jahren zu erklären. Außerdem: Hätte die Sonnenaktivität tatsächlich einen so starken Einfluss auf das Klima, dann müsste sich die Erde mit schwindender Strahlung ja auch wieder abkühlen. Tut sie aber nicht — obwohl die Sonnenaktivität seit Beginn der Satellitenmessungen 1978 abgenommen hat. Im Gegenteil: Im Jahr 2010 maßen Forscher die geringste Strahlungsintensität, aber eine der bis dahin höchsten globalen Mitteltemperaturen.

Hinzu kommt: Längst haben Meteorologen die zyklisch schwankende Sonnenintensität in ihre Computersimulationen einbezogen.

II. Die Erderwärmung macht seit der Jahrtausendwende Pause.

1998 war das bis dahin mit Abstand wärmste Jahr des 20. Jahrhunderts. In den Jahren darauf hat sich die bodennahe Luft — ein Maß für die Globaltemperatur — zunächst kaum mehr erwärmt. Daraus zogen manche vorschnell die Schlussfolgerung, die Erderwärmung sei zum Stillstand gekommen. Doch das ist

Argumente der Klimawandel-
Leugner lassen sich mit begründeten
Fakten entlarven

schlicht falsch. Denn alle anerkannten Datenreihen zeigen: Der Aufwärtstrend ist ungebrochen. Die vergangenen Jahrzehnte waren die wärmsten seit Beginn der Temperaturaufzeichnung. Selbst wenn man — was wissenschaftlich unseriös ist — gezielt erst das ungewöhnlich warme Jahr 1998 als Ausgangspunkt nimmt, steigt die Mitteltemperatur der Erde weiter an; wenn auch nicht im perfekt linearen Trend.

III. Der CO$_2$-Anstieg ist nicht Ursache, sondern Folge einer natürlichen Erwärmung: Die Ozeane setzen CO$_2$ frei.

Ehe der Mensch massiv in das System Erde eingriff, war die Kohlenstoffbilanz unseres Planeten nahezu ausgeglichen. Wälder und Ozeane nahmen annähernd so viel CO$_2$ aus der Atmosphäre auf, wie sie freisetzten — etwa durch Zersetzungsprozesse.

Mit der Industrialisierung aber begann der CO$_2$-Gehalt der Atmosphäre zu steigen. Forscher haben nachgewiesen, dass der Anstieg um 45 Prozent vom Menschen verursacht worden ist, weil er ungebremst fossile Energieträger wie Öl und Kohle verbrennt und das darin gespeicherte CO$_2$ damit freisetzt. Die Meere speichern infolgedessen umso mehr CO$_2$ und geben somit — anders als Klimawandelskeptiker behaupten — netto keines ab. Vielfache Messungen auf Forschungsschiffen belegen diese Rolle der Ozeane als CO$_2$-Senke. Zudem ist ja gerade der steigende CO$_2$-Gehalt der Meere, der diese versauern lässt, ein ernstes, den Klimawandel begleitendes Problem.

IV: Die CO$_2$-Emissionen aus der Natur sind bedeutsamer als die des Menschen.

Klimawandelskeptiker argumentieren: Kohlendioxid habe nur einen Volumenanteil von 0,04 Prozent in der Atmosphäre. Davon stammten 95 Prozent aus natürlichen Quellen, etwa Vulkanen oder Zersetzungsprozessen. Der menschengemachte CO$_2$-Anteil in der Luft betrage nur unwesentliche 0,0016 Prozent.

Diese Zahlen sind falsch. Zwar ist es richtig, dass der Mensch anteilig nur für wenige Prozent der weltweiten CO_2-Emissionen verantwortlich ist. Bloß: Anders als der Mensch fügen Ökosysteme wie etwa Wälder der Atmosphäre netto kein CO_2 hinzu. Denn alle sich zersetzende organische Substanz ist zuvor gewachsen: Pflanzen haben durch Photosynthese CO_2 aus der Atmosphäre entnommen. Der Mensch hingegen setzt durch Verbrennung fossiler Brennstoffe CO_2 frei, ohne es wieder zu binden: Er ist der bedeutsamste Netto-Emittent.

Auch die Behauptung, ein erheblicher Teil des in die Atmosphäre emittierten CO_2 stamme aus Vulkanen, ist widerlegt. Die gesamten vulkanischen Emissionen liegen zwischen 0,15 und 0,26 Gigatonnen CO_2 pro Jahr — ein Bruchteil der menschengemachten Emissionen: 2017 mehr als 40 Gigatonnen.

V. Manche Datenreihen der Klimaforscher seien gefälscht.

Es ist wohl die berühmteste Grafik der Klimawissenschaft: die Hockeyschläger-Kurve. Mit dieser Darstellung — zunächst flach wie der Schaft eines Schlägers, dann steil ansteigend wie dessen Kelle — zeigten US-Forscher 1998 auf, dass die Temperaturen auf der Nordhalbkugel seit über 1000 Jahren niemals so stark angestiegen sind wie im 20. Jahrhundert. Die Temperaturdaten ermittelten sie durch die Analyse etwa von Baumringen, Eisbohrkernen und Korallen. Bald nach Veröffentlichung wurde die Kurve Gegenstand einer heftigen Debatte.

Einige klimawandelskeptische Forscher (die meisten fachfremd) kritisierten Datenbasis und Methodik der Statistik. Eine unabhängige Kommission überprüfte daraufhin die Studie. Sie machte tatsächliche methodische Mängel aus, stellte aber fest: Die Kernaussage stimmt. Seither haben viele weitere Studien die Kurve bestätigt.

VI. Das globale Klimasystem ist für Vorhersagen viel zu komplex.

Schon das Wetter für die kommenden Wochen zu prognostizieren ist unmöglich, daher seien Klimavorhersagen für die nächsten Jahrzehnte nicht glaubhaft, so ein Vorwurf der Klimawandelskeptiker.

Doch die Forscher versuchen eben nicht das Wetter für einzelne Tage, Monate oder Jahre zu berechnen, sondern große Klimatrends. Und das ist zumindest als Simulation durchaus wissenschaftlich möglich.

Dafür müssen entscheidende Faktoren wie etwa physikalische und chemische Prozesse in der Atmosphäre, die Ozeane, polare Eisschilde, die Entwicklung der Landoberfläche, der Tier- und Pflanzenwelt sowie die menschlichen Einflüsse bestmöglich einbezogen werden.

All diese vielfältig miteinander wechselwirkenden und sich ständig verändernden Parameter fließen in höchst komplexe, computergestützte Klimamodelle ein.

Um zu prüfen, wie gut diese Programme sind, haben die Forscher unter anderem vergangene Jahrzehnte simuliert: Sie speisten die Software beispielsweise mit Daten aus dem Jahr 1970 — und ließen von dort aus berechnen, wie sich das Klima durch den seitdem gemessenen Anstieg an CO_2 bis zum Jahr 2018 verändern würde. Und tatsächlich vermochten die Klimamodelle die Vergangenheit erstaunlich exakt abzubilden. Und mithin sehr wahrscheinlich auch die Zukunft.

Zudem simulieren die Klimaforscher nicht, wie von Skeptikern fälschlicherweise oft gesagt, ein einzelnes Szenario. Vielmehr führen sie stets mehrere Was-wäre-wenn-Rechnungen durch, die etwa steigende oder sinkende CO_2-Emissionen berücksichtigen.

Katharina von Ruschkowski

sächlich gravierende Unterschiede ausmacht:

• Bei 1,5 Grad Celsius Erwärmung blieben, auch im Sommer, zumindest Teile des grönländischen Meereises bestehen. Bei stärkerer Erwärmung ginge das Eis dagegen auf ewig verloren — mit drastischen Folgen für das dortige Ökosystem. Und den Meeresspiegel. Schmölze das Grönlandeis, stiege der um sieben Meter.

• Die Verfügbarkeit von Frischwasser im Mittelmeerraum würde bei 1,5 Grad Erwärmung um rund zehn Prozent sinken, bei zwei Grad um rund 20 Prozent.

• Bei einem Anstieg um 1,5 Grad hätte immerhin ein Teil der Korallenriffe die Chance, sich in der zweiten Hälfte des Jahrhunderts zu erholen; bei zwei Grad Erwärmung wären 99 Prozent vom Aussterben bedroht.

• An den Küsten Südostasiens, wo Fischgründe Millionen ernähren, würden sich die Fänge bei stärkerer Erwärmung halbieren, verglichen mit jenen Fängen, die bei einer 1,5-Grad-Erwärmung zu erwarten wären. Das wärmere Wasser verändert das Ökosystem und lässt Fischarten abwandern oder aussterben.

• Die Produktion mancher Getreidearten würde bei 1,5 Grad Celsius Erwärmung, vor allem in den gemäßigten Breiten, wohl noch steigen, höhere Temperaturen hingegen ließen die Ernten aufgrund von Trockenheit stagnieren und schließlich global sinken.

Aber es ist eine gigantische Herausforderung, das 1,5-Grad-Ziel zu erreichen. Etliche Experten halten es für unrealistisch.

Die EU erklärte nach den Verhandlungen von Paris, sie wolle den CO_2-Ausstoß bis 2030 gegenüber dem aus dem Jahr 1990 um 40 Prozent senken. Spätestens 2050 müsse man nahe bei Nullemissionen angelangt sein. Das bedeutet: nur noch so viele Treibhausgase auszustoßen, wie etwa Waldanpflanzungen und andere sogenannte Kohlendioxid-Senken aus der Atmosphäre ziehen.

Die deutsche Regierung kündigte dementsprechend im Klimaschutzplan 2050 an, vor allem die Energiesparte des Landes umzubauen: Erneuerbare Energien sollen Gas- und Kohlekraftwerke ersetzen. Bis 2030 ließen sich so die CO_2-Emissionen im Energiesektor im Vergleich zu 1990 um gut 60 Prozent senken.

Gleichzeitig sollen Förderprogramme dazu beitragen, Privathaushalte, Industrie und Verkehr so umzubauen, dass sie energieeffizienter werden. Allerdings hängt Deutschland seinen Zielen weit hinterher, wie viele andere Staaten.

Zudem berechneten Klimaforscher: Selbst wenn die Paris-Teilnehmer alle angekündigten Klimaschutz-Maßnahmen umsetzten, ist bis 2100 bereits eine Erwärmung von rund 2,8 Grad zu erwarten.

Um die 1,5-Grad-Marke zu erreichen, müssten die Treibhausgas-Emissionen also noch einmal drastisch reduziert und schnellstmöglich genullt werden.

Doch selbst wenn dies sofort gelänge, würde es das Klima auf viele Jahre noch nicht verändern. Zwar nehmen Meere und Wälder knapp die Hälfte allen Kohlendioxids auf, das die Menschen emittieren – die andere Hälfte aber verbleibt in der Erdatmosphäre, das Gas sammelt sich dort Zehntausende Jahre lang. Unser heutiges Klima ist daher, wenn man so will, auch das Ergebnis der zurückliegenden 250 Jahre Wachstumsgeschichte.

Manche Experten gehen schon jetzt davon aus, dass all das CO_2, das wir in diesem Jahrhundert in die Luft blasen, die nächste, in 50 000 Jahren anstehende Eiszeit verhindern wird – weil dann noch immer genügend Gas in der Atmosphäre sein wird, das dem natürlichen Temperaturfall entgegensteuert. Auch wegen dieser Aussicht raten Klimaforscher dazu, der Erderwärmung entschieden entgegenzuwirken: weil mit jedem weiteren Tag, an dem CO_2 in die Atmosphäre gelangt, der Klimawandel an Ausmaß gewinnt.

Da die Emissionen in der zweiten Hälfte dieses Jahrhunderts bei null angelangt sein sollen, werden die Emissionen vor 2050 zum wichtigen Faktor, etwa für den künftigen Meeresspiegel. Jede Verzögerung um fünf Jahre könnte eine Erhöhung der Wasserlinie um 20 Zentimeter im Jahre 2300 bedeuten, ermittelte ein Team um den Berliner Klimaanalysten Carl-Friedrich Schleußner.

Um die Klimarettung zu intensivieren, sinnen Forscher derzeit über „Negativ-Emissionen" nach. Die Idee: Klimagase in der Atmosphäre mithilfe aufwendiger Technik einzufangen und in Depots zu lagern (siehe Seite 136). So könnte die

---

AUF EINEN BLICK

Stetige Erwärmung

Allein seit 2010 hat die Menschheit die fünf wärmsten Jahre seit Beginn der systematischen Wetteraufzeichnung vor mehr als 100 Jahren erlebt.

Erdrückende Beweise

Weltweit haben Tausende von Forschern Belege dafür gesammelt, dass die Menschheit zur stetigen Erderwärmung beiträgt.

Größtes Problem

Längst hat die Weltgemeinschaft auf Konferenzen den Klimawandel zur drängendsten Herausforderung der Menschheit erklärt.

Extreme Folgen

Stürme, Dürren oder Starkregen: Vielerorts verstärkt der Klimawandel Wetterlagen – und entfesselt die Naturgewalten.

Zunahme des CO_2-Gehalts in der Atmosphäre noch etwas verlangsamt werden.

Eine der meistdiskutierten Methoden kursiert unter dem Kürzel BECCS (Bioenergy Carbon Capture and Storage). Dabei wird in großem Umfang Biomasse von Feldern und aus Wäldern gewonnen und verbrannt; das dabei entstehende CO_2 wird durch chemische Verfahren eingefangen und unterirdisch gespeichert.

Diese Praktik ist allerdings umstritten, die Technik nicht ausgereift. Zudem gibt es Zielkonflikte: Denn wo Energiepflanzen wachsen, können keine Nahrungsmittel für die wachsende Weltbevölkerung angebaut werden.

Auch mittels Luftfiltern ließe sich viel CO_2 einfangen und im Boden speichern. Doch diese Filter sind extrem energieaufwendig, sie könnten ein Drittel des weltweiten Strombedarfs beanspruchen.

Der Klimaforscher Stefan Rahmstorf nennt solche Maßnahmen daher „Ablenkungsmanöver". Am Ende, sagt er, komme man um einen weltweiten Kurswechsel in der Klimapolitik nicht herum.

U

Umdenken aber kostet Zeit – die vielen Menschen nicht mehr bleibt. Auch Saúl Luciano Lliuya nicht. Wie jüngst eine Studie bestätigt hat, besteht in seinem Heimattal ein hohes Flutrisiko. Der Pegel des Gletschersees müsste dringend um 15 Meter gesenkt werden. Als Notfallmaßnahme hat die Stadt Huaraz zehn dicke Schläuche verlegen lassen, die das Wasser in einen nahen Fluss umleiten. Gegen das stetig strömende Schmelzwasser aber kommen sie nicht an. Sinnvoller wäre ein Damm. Doch um den zu erbauen, brauchten Lliuya und seine Landsleute möglichst bald die Hilfe.

Inzwischen hat das Oberlandesgericht Hamm mit der Beweisaufnahme in Lliuyas Fall begonnen – ein Erfolg, urteilen unabhängige Juristen, weil Richter damit prinzipiell bejahen, dass ein privates Unternehmen für verursachte Klimaschäden aufkommen müsse.

Jetzt wartet Saúl Luciano Lliuya auf den nächsten Verhandlungstermin ●

KATHARINA VON RUSCHKOWSKI, Jg. 1981, ist Wissenschaftsautorin bei Detmold.

Magazine, die Geschichte schreiben.

Tiere und Pflanzen

AUF

TEXT: UTE EBERLE

RÜCKZUG DEM

Aufgrund des Klimawandels schrumpfen
die gefrorenen Flächen der Arktis:
Für Walrosse gibt es immer weniger
Ruhemöglichkeiten

Im Verlauf der Erdgeschichte mussten sich Tierarten ständig an

wechselnde Temperaturen anpassen. Der jetzige, menschengemachte

Umschwung jedoch verläuft viel rasanter als frühere Erwärmungen.

Biologen prophezeien daher einen massiven Artenrückgang – und

fordern Umsiedlungen von gefährdeten Spezies

D

Die Luft in der Grotte hoch in den Rocky Mountains riecht süßlich-beißend nach dem Urin der Buschschwanzratte. Die kleinen Nager, deren Ahnen die Erde seit Urzeiten bevölkern, bewohnen oft über viele Generationen hinweg die gleichen Behausungen.

Für Forscher birgt die Höhle in Colorado einen einzigartigen Schatz. Denn Buschschwanzratten sind berühmt dafür, dass sie „Trophäen" sammeln und im Bau verstauen: Knochen von Tieren etwa, die im Umkreis einiger Kilometer verstorben sind. Oder die Gewölle von Eulen, samt den enthaltenen Überresten der Beute – etwa Wühlmäusen, die der Vogel vertilgt hat. Auf diese Weise werden die Höhlen der Buschschwanzratten mit der Zeit zu einer Art Museum der lokalen Tierwelt.

In der Colorado-Höhle ist die Sammlung besonders stattlich. Die ältesten Knochen, die Forscher dort ausgegraben haben, sind mehrere Hunderttausend Jahre alt. Urahnen der Buschschwanzratte haben sie in die Behausung getragen.

Die Tausende Skelettteile bilden so etwas wie ein Register – ein Verzeichnis jener Tierarten, die im Lauf von fast einer Million Jahren im Umkreis der Höhle gelebt haben. Es ist auch ein Kataster des Wandels. Denn über diesen langen Zeitraum hat sich außerhalb der Höhle im-

mer wieder das Klima verändert. Kaltzeiten und Wärmeperioden wechselten einander ab. Und die von den Ratten eingesammelten Knochen spiegeln wider, wie dieser Wandel auf die Fauna wirkte; wie immer wieder Arten verschwanden und sich andere durchsetzten.

Für die Forscher bieten solche Orte aber nicht nur einen Blick in die Vergangenheit, sondern vielleicht auch in die Zukunft. Denn die Erde befindet sich erneut in einem Klimaumschwung – dem vielleicht dramatischsten, den sie je erlebt hat. Und immer wichtiger wird die Frage: Was bedeutet dies für die Natur?

Dass der derzeitige Klimawandel Tiere und Pflanzen beeinflusst, lässt sich schon heute beobachten. In den vergangenen gut 130 Jahren sind die globalen Durchschnittstemperaturen um etwa ein Grad Celsius gestiegen. Obwohl dies noch eher milde ist – Meteorologen erwarten, dass sich das Weltklima bis 2100 um durchschnittlich bis zu knapp fünf Grad erwärmen könnte –, hat dies bereits sichtbare Spuren in der Umwelt hinterlassen.

So lebten in den Niederlanden vor einigen Jahrzehnten zwei Farbvarietäten von Zweipunkt-Marienkäfern: die eine rot mit schwarzen Punkten, die andere schwarz mit roten Punkten. Heute finden sich in weiten Teilen des Landes überwiegend nur noch die Käfer mit rotem Chitinpanzer. Ein möglicher Grund, so mutmaßen einige Forscher: In den immer wärmeren Sommern heizt sich ein roter Panzer weniger auf als ein schwarzer.

In Nordamerika schrumpfen die Waldsalamander. Mehrere Arten fallen heute im Schnitt um acht Prozent kleiner aus als noch vor Jahrzehnten. Körper geringerer Größe (und damit einer im Verhältnis zu ihrem Volumen eher großen Oberfläche) sind eine Anpassung an höhere Temperaturen – daher sind warmblütige Tiere in den Tropen oft zierlicher als verwandte Spezies im Norden.

Fische ändern ihren Lebensrhythmus. So zieht der Buckellachs heute im Schnitt fast zwei Wochen früher als vor 40 Jahren vom Meer zu seinen Laichplätzen in den Flüssen Alaskas. Dadurch vermeidet er, in zu warmes Süßwasser zu geraten.

Einen ähnlichen Trend zeigen manche Pflanzen. In Deutschland treiben Büsche, Bäume, Blumen und Kräuter heute rund eine Woche früher aus als vor 70 Jahren. Insgesamt verlängert sich die Vegetationsperiode teils um bis zu zwei

Wochen, denn die Pflanzen wachsen, blühen und fruchten auch länger in den Herbst hinein. Das hat dazu geführt, dass auch manche Zugvögel später in ihre Winterquartiere im Süden abwandern.

Bei einigen Spezies haben sich solche Veränderungen bereits im Erbgut niedergeschlagen. Beispielsweise haben Forscher bei einer Mückenart in Nordamerika Genveränderungen gefunden, die offenbar dafür sorgen, dass die Insekten ihre Winterruhe später beginnen.

Aber noch mehr Tiere und Pflanzen wählen einen anderen Weg, um mit dem

Farblose Riffe
Diese Korallenarten vor
Hawaii sind infolge
einer besonders warmen Meeresströmung ausgeblichen

Klimawandel umzugehen. Statt sich an höhere Temperaturen anzupassen, suchen sie sich kühlere Lebensräume. Spezies in den Bergen weichen in die Höhe aus. Seefische tauchen in tiefere Meeresschichten ab. Und rund um den Globus ziehen Arten in Richtung der Pole. Forscher haben gemessen, dass Landorganismen ihre Lebensräume pro Jahrzehnt um sechs Kilometer gen Norden verlegen, in den Meeren um 72 Kilometer.

So verbreiten sich manche Palmenarten zunehmend in mitteleuropäischen Regionen. Ebenso Insekten, die man nur aus dem Süden kennt, wie die Gottesanbeterin *Mantis religiosa*. Ursprünglich exotische Papageien, aus der Zimmerhaltung entflogen, fühlen sich in Deutschland mittlerweile so heimisch, dass sie mancherorts zum Stadtbild zählen, etwa in Köln.

Wenn sich Tiere und Pflanzen verändern oder den Lebensraum wechseln, hat das auch Folgen für andere Spezies. Denn Ökosysteme sind vernetzt. In den Tropenwäldern Süd- und Mittelamerikas lebt die Wanderameise *Eciton burchellii*, die schon jetzt die Hitze in ihrem Lebensraum nicht gut zu vertragen scheint. Anders als

Auf der Flucht
Rentierherden müssen immer häufiger Mückenplagen davonrennen, die in warmen Tümpeln gedeihen und Kälber bis zur Erschöpfung aussaugen

die Waldameisen in Deutschland bauen diese Insekten keine Hügel, nicht einmal ein anderes permanentes Nest. Die räuberischen Tiere ziehen in Kolonnen von zuweilen Millionen Individuen durch den Urwald. Dabei töten sie Kleintiere und Insekten und verzehren sie. Doch inzwi-

Hungertod
Viele Eisbären magern ab und
sterben, weil der frühere Rückgang
des Sommereises ihnen weniger
Zeit für die lebensnotwendige
Robbenjagd lässt

schen meiden die Sechsbeiner bei diesen
Raubzügen Lichtungen im Wald und suchen sich kühlere Pfade im Schatten.
Und setzt man sie im Labor Temperaturen aus, die um wenige Grad höher liegen
als in ihrem Lebensraum, sterben sie.

Wanderameisen töten aber nicht nur
andere Waldbewohner, sie helfen auch
etlichen Spezies. Manche Käferarten leben mit ihnen zusammen, und viele Vögel folgen ihren Wanderzügen, um die
Insekten zu fangen, die vor den Räubern
flüchten. Sie haben sich so sehr darauf
spezialisiert, dass sie „Ameisenvögel" genannt werden. Bestimmte Schmetterlinge
wiederum folgen diesen Vögeln, um
sich von ihrem Kot zu ernähren. So hängt
das Wohlergehen von Hunderten von
Spezies direkt oder indirekt von den
Raubzügen der Wanderameise ab.

Wie reagieren all diese Arten, falls
die Wanderameise in naher Zukunft ihren Lebensraum in eine kühlere Zone
verlagert? Sind sie in der Lage, dem In-
sekt zu folgen – oder würden sie in ihrem
vertrauten Habitat bleiben? Aber was ist
ein Ameisenvogel ohne Ameisen?

Erst seit wenigen Jahren studieren
Forscher, wie schon subtile Reaktionen
auf das Klima an einer Stelle des ökologi-
schen Netzwerks andernorts teils ganz
unerwartete Domino-Effekte auslösen.

So in den Bergen von Arizona, wo
heute weniger Schnee fällt als früher,
was Auswirkungen auf die dort lebenden
Wapiti-Hirsche hat. Auf schneefreiem
Untergrund fällt den Huftieren das Laufen leichter, da sie nicht mühsam durch
Schnee stapfen müssen.

Deshalb verbleiben mehr Tiere im
Winter in den Höhenlagen, statt wie
früher in die Täler auszuweichen. In der
Höhe fressen die Hirsche während der
Wintermonate mehr Zweige von Sträu-
chern und Laubbäumen – mit der Folge,
dass vielerorts das Unterholz verschwindet. Gerade dort aber nisten im Früh-

jahr verschiedene Singvogelarten. Da nun
geeignete Nistplätze fehlen, ist die Zahl
dieser Vögel merklich zurückgegangen.

Sorge bereitet den Experten vor allem, dass die neuen Veränderungen und
Verschiebungen nicht einheitlich ablau-
fen. Im Schnitt zieht es zum Beispiel die
meisten Baumarten in den peruanischen
Anden pro Jahr um rund drei Meter in
höhere Lagen. Doch manche, wie die
Gattung Schefflera, verschieben ihren
Lebensraum gleich um 30 Meter per an-
num – andere wie Ficus dagegen um
nicht einmal zwei Meter. Und manche
Baumarten verlagern ihren Lebensraum
sogar hangabwärts (weil es durch den Klimawandel in unteren Lagen möglicherweise zum Teil feuchter wird).

Oder: Während viele Bäume in Europa heute früher ausschlagen, gibt es auch
solche, die das nun umgekehrt später tun.

Es handelt sich dabei um Arten, die
biologisch so programmiert sind, dass
dem Knospenaustrieb eine lange Frost-
periode vorausgehen muss.

Fehlt die, brauchen sie im Frühjahr
länger, um in Gang zu kommen.

Die Folge: Uralte ökologische Verknüpfungen brechen auf. Der Insekten fressende Trauerschnäpper etwa – ein Verwandter des Rotkehlchens – fliegt im Herbst gen Afrika und kehrt im Frühjahr nach Europa zurück, um dort Eier zu legen. Normalerweise zieht er seine Jungen gerade dann auf, wenn es besonders viele Raupen gibt. Doch weil viele Bäume früher austreiben, schlüpfen auch die Raupen heute eher als in der Vergangenheit.

Der Trauerschnäpper aber verpasst diese Veränderung gewissermaßen in seinem afrikanischen Winterquartier – er richtet sich beim optimalen Termin für den Rückflug nach Europa vor allem nach der Tageslänge. Und so kommt er oft zu spät (obwohl er seine Rückkehr im Vergleich zu früheren Jahrzehnten bereits um zehn Tage vorverlegt hat). Bis die Nestlinge schlüpfen, gibt es nicht mehr genug Raupen. Entsprechend ist die Trauerschnäpper-Population mancherorts um bis zu 90 Prozent zurückgegangen.

Welche Umwälzungen auf die Natur zukommen, lässt sich am deutlichsten in der Arktis erahnen, wo die Erwärmung nahezu doppelt so schnell fortgeschritten ist wie im globalen Durchschnitt.

Kälteangepasste Arten wie der Eisbär oder die Rentiere haben plötzlich Schwierigkeiten, in ihrem angestammten Habitat zu überleben. Die Eisbären kämpfen damit, dass es weniger gefrorene Flächen gibt, von denen aus sie jagen, wo sie aber auch ruhen können. Die Rentiere haben im Winter oft Probleme, Futter zu finden, weil der Schnee durch die milderen Temperaturen immer wieder schmilzt, um dann erneut zu überfrieren. So bildet sich eine harte Eisschicht, die es den Tieren erschwert, das Gras unter dem Schnee hervorzuscharren.

Im vielerorts länger und wärmer werdenden Sommer schlüpfen durch die höheren Temperaturen mehr Stechmücken

Feindliche Übernahme
Steigende Wassertemperaturen lassen in Riffen wie diesem Algen wuchern – manche sondern Gifte ab, die Korallen schädigen

und Dasselfliegen, die ihre Eier in Haut und Nase der Rentiere ablegen. Teils rennen die geschwächten Huftiere stundenlang herum, um den stechenden Parasiten zu entkommen. Manche Mückenschwärme, so wird berichtet, sind derart groß, dass Rentierkälber allein durch den Blutverlust umkommen.

Während die Zahlen vieler ursprünglicher Arktisbewohner zurückgehen, breiten sich neue Arten aus. Auf den bisher baumlosen Tundren siedeln sich Sträucher aus südlicheren Gefilden an. Sie bringen im Verein mit ungewöhnlicher Trockenheit und großer Wärme neue Gefahren mit sich – zum Beispiel Waldbrände. 2007 flammten um den Anaktuvuk-Fluss in Alaska fast 100 000 Hektar ab – der erste Brand in der Region seit Tausenden von Jahren.

Zudem werden in der Gegend gelegentlich neue Bären gesichtet, sogenannte Pizzlys. Es handelt sich dabei um Mischlingsbären, die aus Paarungen zwischen dem auch Polarbär genannten Eisbären und dem eigentlich weiter südlich lebenden Grizzly hervorgehen.

Auch im Wasser zeichnet sich eine neue Artengemeinschaft ab. Fische aus dem Süden rücken nach Norden vor, und durch das Abschmelzen des Polareises verschwindet gleichsam die Barriere, die bisher die meisten Spezies aus dem Pazifischen Ozean von denen des Atlantischen Ozeans trennte.

Wie leicht die Grenze bereits durchbrochen werden kann, zeigte sich 2010,

als im Mittelmeer ein Grauwal gesichtet wurde, der vermutlich von der amerikanischen Westküste stammte. Der Meeressäuger war offenbar über die Arktis nach Südeuropa geschwommen.

Durch Studien an Fundorten wie der Höhle in Colorado wissen Forscher: Es ist

DER KLIMAWANDEL HAT DIE WALDSALAMANDER SCHRUMPFEN LASSEN

normal, dass infolge eines Klimawandels Arten verschwinden und neue dazukommen. Doch die Untersuchung dort zeigte auch, dass bei allem Wandel das Ökosystem rund um den Bau der Buschschwanzratte – zumindest als Ganzes betrachtet – mehr oder minder stabil blieb.

Das heißt: In wärmeren wie kühleren Phasen bot die Natur zwar jeweils anderen, aber im Hinblick auf ihre Rolle im

113

Zerstörter Lebensraum
Im Great Barrier Reef kommt es
in immer kürzeren Abständen
zu Korallenbleichen: Über Jahrhunderte entstandene Riffe können
binnen Monaten absterben

Ökosystem (die sogenannte ökologische
Nische) durchaus vergleichbaren Arten
Möglichkeiten zu überleben. So tauchten
unter den Tieren zum Beispiel stets Nager oder Vögel auf, die sich eher von Kör-
nern und anderer pflanzlicher Kost er-
nährten. Diese Pflanzenfresser dienten
wiederum Räubern wie Mardern oder
Greifvögeln als Beute. Zu keiner Zeit
brach das vernetzte Ökosystem rund um
die Colorado-Höhle zusammen.

Fraglich ist, ob dies auch bei dem
derzeitigen Klimawandel so sein wird.
Denn der Umschwung läuft etwa zehnmal schneller ab als jede frühere Erd-

erwärmung. Temperaturerhöhungen, die
damals im Laufe von 1000 Jahren statt-
fanden, erfolgen heute in 100 Jahren.

Wie sich die rasante Umwälzung im
Detail auswirken wird, kann kein Wissenschaftler vorhersagen. Doch viele Forscher fürchten zwei Entwicklungen.

Zum einen könnten Ökosysteme über
längere Zeit stabil erscheinen, dann aber
plötzlich kippen, weil sie einen – vorher
schwer absehbaren – kritischen Punkt der
Belastbarkeit überschritten haben.

Das könnte beispielsweise bedeuten,
dass sich noch intakt scheinende Korallenriffe innerhalb von Monaten in Algen-
felder verwandeln.

Zum anderen werden viele Tier- und
Pflanzenarten den Umschwung wohl
nicht überleben, befürchten Forscher.
Denn sie sind schlicht nicht imstande,
sich über die Generationen hinweg genetisch rasch genug anzupassen. Oder die
Anpassungen genügen nicht.

So hat zum Beispiel der finnische
Waldkauz binnen weniger Jahrzehnte
die Grundfärbung seines Gefieders geän-
dert. Diese Eule kommt in zwei genetisch
bedingten Farbvarianten vor: entweder
braun oder grau mit weißen Einspreng-
seln. Im früher stets schneereichen Norden dominierten von jeher die grauen
Käuze. Doch seit es dort im Winter we-

niger schneit, verbreitet sich vermehrt
die braune Kauz-Variante: Sie ist in der
schneelosen Landschaft besser getarnt.

Doch schützt dies den Kauz nicht vor
einer weiteren Entwicklung, die offenbar
ebenfalls vom Klimawandel ausgelöst
wird: In vielen Regionen, in denen er lebt,
verschwindet der früher regelmäßig auf-
tretende Boom von Wühlmäusen, eine
wichtige Nahrungsquelle für die Eule.

Gleichzeitig braucht der Vogel gerade
in milderen Wintern paradoxerweise
mehr Futter. Denn warme Winter sind
oft nasser, und in feuchtem Gefieder kühlen die Tiere schneller aus.

Auch eine räumliche Verlegung des
Habitats ist oft schwierig: Manche Arten,
wie etwa der Eisbär, leben bereits so weit
im Norden, dass es für sie keine weiteren
Ausweichmöglichkeiten gibt.

Anderen stehen Städte und Indus-
triegürtel im Weg. Eine Schmetterlings-
art in Südkalifornien, für die das Klima
zu heiß wird, müsste das mehr als 1200
Quadratkilometer große Stadtgebiet von

Gefährdeter Bestand
Das Nahrungsangebot für Königs-
pinguine schwindet, denn aufgrund der Erwärmung verkleinern
oder verlagern sich die von ihnen
gejagten Krillschwärme

Los Angeles sozusagen überspringen, um eine kühlere Ausweichzone zu erreichen – eine unüberwindliche Hürde.

Auch verlagern viele Tiere und Pflanzen ihren Lebensraum bisher vermutlich nicht schnell genug.

Eine Studie hat vor einigen Jahren ergeben, dass Vogelgemeinschaften in Frankreich ihre Habitate um 91 Kilometer nach Norden verschoben haben. Im gleichen Zeitraum waren die Temperaturen aber so weit gestiegen, dass sie eigentlich 273 Kilometer nordwärts hätten ziehen müssen, um mit dem Wandel Schritt zu halten – sie waren also gewissermaßen bereits 182 Kilometer hintendran.

Viele Forscher prophezeien daher einen deutlichen, weltweiten Rückgang der Artenvielfalt, einige gar ein massenhaftes Aussterben. Pessimistische Szenarien gehen davon aus, dass die Hälfte der heute lebenden Pflanzen- und Tierarten den Klimawandel nicht überstehen werden.

Selbst Arten, die zunächst scheinbar von der Erwärmung profitieren, könnten gefährdet sein. Der Mauerfuchs etwa, ein Schmetterling, produziert im südlichen England gewöhnlich zwei Generationen pro Sommer. Aus einer dritten Eiablage schlüpfen üblicherweise Larven, die überwintern.

Der milde Herbst der vergangenen Jahre hat aber offenbar dazu geführt, dass sich auch die dritte Generation noch zu Faltern ausbilden konnte. Die jedoch gehen in den folgenden Herbst- und Winterwochen oft frühzeitig elend zugrunde – und legen selber keine Eier mehr ab.

So gibt es keine Larven, die den Winter überleben – und im kommenden Sommer keine Falter. Forscher glauben, dass dies erklären könnte, warum der Mauerfuchs aus großen Teilen Süd- und Mittelenglands verschwunden ist.

Muss der Mensch nachhelfen? Immer wieder wird in Fachkreisen das Konzept der *assisted migration* diskutiert, einer „betreuten Umsiedelung" also, bei der Tiere und Pflanzen gezielt in neue Lebensräume versetzt werden.

In Einzelfällen wurde diese Taktik bereits umgesetzt. In England verfrachteten Biologen vor einigen Jahren zwei Schmetterlingsarten in klimatisch güns-

AUF EINEN BLICK

Wandel

Die Erderwärmung sorgt dafür, dass sich Klimazonen verändern und Richtung Norden verschieben.

Migration

Flexible Tier- und Pflanzenarten passen sich an oder ziehen nach. Häufig aber versperren Städte und Felder den Weg gen Norden.

Folgen

Manche Ökosysteme ordnen sich neu, andere kollabieren. Viele Arten sind bereits verschwunden.

Maßnahmen

Biologen wollen die Migration durch grüne »Korridore« zwischen Schutzgebieten erleichtern und bedrohte Arten sogar gezielt in kühleren Habitaten ansiedeln.

tige Ausweichzonen höher im Norden. Und in den USA versucht eine private Naturschutzgruppe einen gefährdeten Nadelbaum aus Florida zu retten, indem sie Sämlinge zum Teil mehrere Tausend Kilometer nördlich von seiner angestammten Heimat entfernt in Wäldern pflanzt – bis hoch nach Oregon, auf der entgegengesetzten Seite des Kontinents.

Allerdings birgt diese Strategie vielfältige Risiken. Die neuen Spezies können Parasiten und Krankheiten in Regionen verschleppen, in denen es diese vorher nicht gab.

Oder die versetzten Tiere und Pflanzen verbreiten sich in der neuen Heimat ungehemmt, weil sie dort keine natürlichen Feinde haben – und verdrängen dann womöglich Arten, die dort zuvor heimisch waren.

Dennoch überlegen manche Forscher, ob in absehbarer Zeit nicht beispielsweise der Iberische Luchs nach Großbritannien umgesiedelt werden könnte. Und vor einigen Jahren haben Biologen Korallen entdeckt, die hitzetolerant zu sein scheinen. Nun denken einige Wissenschaftler bereits daran, diese wärmeresistenten Spezies in Riffe zu ver-

pflanzen, die durch die steigenden Meerestemperaturen abzusterben drohen.

Vermutlich muss aufgrund des massiven Klimaumschwungs gar das Konzept von flächenhaften Schutzgebieten grundlegend überdacht werden. Denn viele Nationalparks oder Biosphärenreservate gleichen Inseln, die – voneinander isoliert – inmitten ungeschützten, also von Menschen durchgehend intensiv bewirtschafteten, Umlands liegen. Doch schon jetzt zeichnet sich ab, dass viele bedrohte Tier- und Pflanzenarten durch den Klimawandel aus diesen Protektionszonen „herauswandern" werden – und gewissermaßen schutzloses Terrain betreten (wodurch freilich das Risiko zunimmt, dass die betreffenden Spezies möglicherweise nicht lange überleben werden).

Daher hat der Klimawandel Experten zu einer besonderen Idee angeregt, die maßgeblich dazu beitragen könnte, viele Arten vor den Folgen der Migration zu retten.

So sollen bislang voneinander isolierte Reservate miteinander verbunden werden – etwa indem ausgedehnte Korridore zwischen Naturparks unter Schutz gestellt oder sogar neu angelegt werden. Gleichsam grüne Brücken aus Wald, Wiesen oder Feuchtgebieten, die die Tiere zur Abwanderung nutzen können.

So würde mit der Zeit ein verzweigtes Netz aus Schutzzonen entstehen, das es Arten ermöglicht, flexibel hin und her zu wandern – wie sie es schon Millionen von Jahren zuvor getan haben. Viele durch den Klimawandel vom Aussterben bedrohte Tiere und Pflanzen könnten leichter an einen anderen Ort gelangen, der ihnen bessere Bedingungen bietet. So würden zwar wie in der Umgebung der Colorado-Höhle alte Lebensgemeinschaften verschwinden, an ihre Stelle könnten aber vergleichbare Artengeflechte aus benachbarten Zonen treten.

Freilich ließe sich nicht jede Spezies mit derartigen Maßnahmen retten. Aber die Chance zu überleben könnte sich für viele Arten drastisch erhöhen. So blieben im günstigsten Fall die Ökosysteme, wenn auch in veränderter Form, erhalten.

Und würden nicht – wie von manchen Wissenschaftlern befürchtet – unter den Folgen des Klimawandels völlig zusammenbrechen •

UTE EBERLE, Jg. 1971, ist Wissenschaftsautorin in Baltimore, USA.

Thomas Stocker ist
Professor für Klima- und
Umweltphysik an der
Universität Bern. Er
erforscht unter anderem
den Zusammenhang
zwischen globaler
Erwärmung und Wetter-
extremen

»WIR MÜSSEN UNS AUF IMMER EXTREMERES WETTER EINSTELLEN«

117

Starkregen, Hitzewellen, Überschwemmungen: Außergewöhnliche Wettergeschehnisse kosten jedes Jahr **Tausende Menschen** das Leben und richten **Milliardenschäden** an. Der Klimaforscher **Thomas Stocker** erklärt, weshalb wir vermehrt mit solchen **Katastrophen** rechnen müssen, wie sich Deutschland durch die Erderwärmung verändert — und was jeder selbst tun kann, um den **Klimawandel** zu verlangsamen

INTERVIEW: RAINER HARF,

MARIA KIRADY

UND SEBASTIAN WITTE

GEOkompakt: *Herr Professor Stocker, wer Nachrichten schaut, hat mitunter das Gefühl, dass extreme Wetterereignisse wie Hitzewellen, Überschwemmungen und Stürme zunehmen. Trifft das zu?*
Prof. Thomas Stocker: Tatsächlich sind manche Wetterextreme wie Hitzewellen und Starkregen durch den Klimawandel messbar häufiger geworden. Denken Sie an den Jahrhundertsommer 2003, das war der wärmste europäische Sommer seit 500 Jahren – und doch erst der Anfang. Auch 2010, 2015 und zuletzt 2017 waren die Sommer in Teilen Europas ungewöhnlich heiß. Aber nicht nur die Häufigkeit, auch die Intensität solcher Ausnahmeerscheinungen, das können wir ganz klar beobachten, hat zugenommen.

118 *Was haben Sie in Bezug auf die Niederschlagsmenge festgestellt?*
Vor allem in den Übergangsmonaten im Frühjahr und Herbst werden vermehrt Starkniederschläge gemessen, wie wir sie in dieser Intensität und Häufigkeit eher aus den Tropen kennen. Das liegt daran, dass der Westwind verstärkt feuchte, warme Luftmassen vom Meer aufs Festland transportiert. Dann kommt es immer wieder zu sturzartigen Regenfällen, die im schlimmsten Fall Abwassersysteme überlasten, Keller fluten und Flüsse über die Ufer treten lassen. Im windstilleren Sommer dagegen wird es im Landesinneren immer heißer und trockener – besagte Hitzewellen sind die Folge.

Führt der Klimawandel zu einer Zunahme von Stürmen, wie oft behauptet?
Bislang können wir nicht mit Gewissheit sagen, ob heftige Orkane wie „Xavier", der Ende 2017 über Norddeutschland und Polen hinwegfegte und neun Menschen das Leben kostete, bereits eine Folge des Klimawandels sind. Modellrechnungen weisen aber darauf hin, dass uns mit steigender Erderwärmung auf jeden Fall schwerere Unwetter erwarten. Das liegt nicht zuletzt daran, dass sich Stürme

über dem offenen Meer bilden und vom warmen Oberflächenwasser gespeist werden. Mit dem Klimawandel erwärmt sich auch das Wasser und versorgt die Stürme so mit mehr Energie. Insbesondere in den USA wird sich die Hurrikan-Saison dadurch wohl noch verschärfen.

Wo verläuft die Grenze zwischen normalen, jahreszeitlichen Schwankungen und Extremwetterereignissen?
Beim Wetter handelt es sich um ein statistisches Phänomen. Wir können für jeden Ort bestimmen, in welcher Schwankungsbreite sich Temperatur, Niederschläge und Windgeschwindigkeiten über die Jahre in etwa bewegen. Doch es gibt immer wieder Ausreißer, etwa überdurchschnittlich kalte, warme oder windige Tage, die nicht in die Statistik für die jeweilige Jahreszeit passen. Das sind per Definition die Extremwetterereignisse.

Wenn die Erde wärmer wird, dann müsste sich die Schwankungsbreite der Messwerte für Deutschland in Richtung der wärmeren Temperaturen verschieben.

Genau das beobachten wir. Wir messen für Mitteleuropa schon jetzt gestiegene mittlere Temperaturen. Zugleich gibt es deutlich weniger Kälte-, dafür mehr und intensivere Hitzewellen. Und wenn sich die Kurve weiter in Richtung wärmerer Temperaturen verschiebt, bewegt sich künftig so manche Hitzewelle aus dem Extrembereich heraus und wird auf einmal zur neuen Normalität. Die Ausreißer werden dann noch heißer und trockener sein, als wir es heute gewohnt sind.

Zählen Phänomene wie die Wassererwärmung durch El Niño im Pazifik oder der Monsun in Indien zu Extremwettern?
Nein, solche Erscheinungen, die mit einer gewissen Periodizität alle paar Jahre auftreten, werden zu den „Klimamoden" gerechnet. Das sind regionale Ausprägungen des Wettergeschehens, die Monate oder sogar Jahre anhalten können und als normale Klimavariationen gelten. Für den europäischen Raum ist vor allem die Nordatlantische Oszillation relevant, vornehmlich ein Winterphänomen, das keine feste Periodizität hat. Dabei kommt es

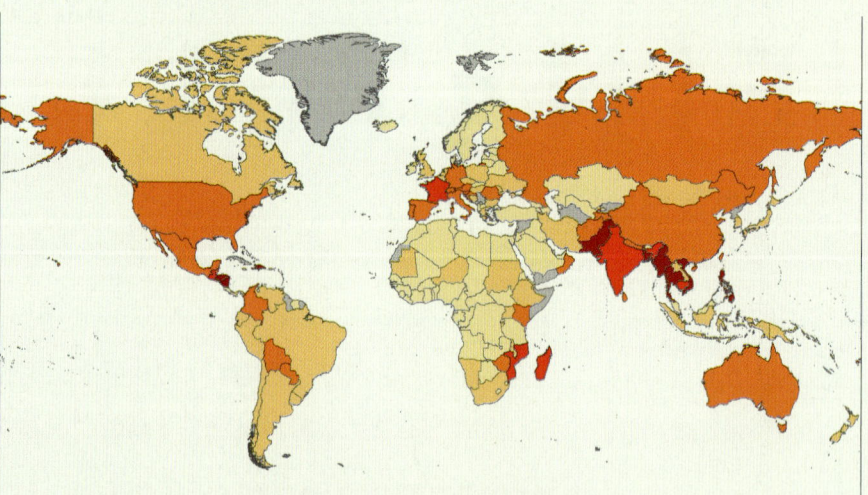

Gefährliches Klima
Extremwetter bedrohen Leben und Auskommen vieler Menschen.
Mit der Erderwärmung wird das Risiko weiter steigen

Der Globale Klima-Risiko-Index des Vereins Germanwatch gibt an, in welchem Ausmaß ein Staat von Schäden durch Ereignisse wie Fluten, Dürren oder Stürme betroffen ist. Je dunkler ein Land in der Karte, desto größer waren die Auswirkungen in den Jahren 1997–2016 (grau: keine Daten). Die Experten betonen, dass sich die Lage durch den Klimawandel noch verschärfen wird

Die Installation an der Universität Bern zeigt die CO_2-Konzentration in der Luft im Zeitraum von vor 800 000 Jahren bis heute. Eine separate Anzeige gibt den aktuellen Messwert wieder (oben rechts). Inzwischen liegt der bei 410 ppm, das entspricht 0,041 Prozent

zu einer Schwankung des Luftdruckunterschieds zwischen dem Islandtief im Norden und dem Azorenhoch im Süden, die den Westwind verstärkt oder abschwächt. Je nachdem, ob die Schwankung positiv oder negativ ausfällt, haben wir dann im Winter mehr oder weniger Niederschlag, mildere oder tiefere Temperaturen.

Wie gut ist man heute in der Lage, konkrete Extremereignisse vorherzusagen?

Sie lassen sich im Rahmen der normalen Wetterprognose auf fünf bis zehn Tage vorraussagen. Für längerfristige Abschätzungen sind nur noch statistische Aussagen möglich.

Weshalb können Forscher ermitteln, wie sich das Erdklima in den kommenden 100 Jahren entwickeln wird, tun sich aber mit der Wetterprognose für die nächste Woche so schwer?

Das Problem ist die Detailtiefe: Allgemeine Trends und Entwicklungen sind viel leichter zu berechnen als die präzisen Wetterbedingungen zu einer genauen Zeit an einem bestimmten Ort. Ich ver-

Die Erde
ERWÄRMT
sich mit jedem weiteren
Jahrzehnt, das
TATENLOS
verstreicht, um
ein halbes Grad Celsius

gleiche das mit einem Kochtopf: Wenn Sie bei sich zu Hause immer wieder die gleiche Menge Wasser aufsetzen, dann können sie recht zuverlässig voraussagen, wie heiß das Wasser nach zehn Minuten Heizen auf Stufe drei sein wird. Wollen Sie aber genau vorhersagen, wo sich als Nächstes ein Dampfbläschen am Boden des Topfes bildet, müssen sie feststellen, dass das unmöglich ist. Zu komplex ist das Geschehen im brodelnden Wasser. Und so ist es auch mit dem Klima und dem Wetter: Wir können zwar sehr lange im Voraus die globale Erwärmung berechnen, wenn wir das Szenario der CO_2-Emissionen festlegen. Wir können auch die künftige Häufigkeit etwa von Hitzewellen abschätzen, jedoch nicht das Wetter oder ein einzelnes Ereignis.

Woher wissen Sie, dass Ihre Klimaprognosen stimmen?

Wir arbeiten mit Modellen, die mithilfe von Messwerten, die in der Vergangenheit aufgezeichnet wurden, überprüft werden. Gelingt es uns, die klimatischen Entwicklungen der vergangenen 100 Jahre zu simulieren, gehen wir davon aus, dass wir dieses Modell auch auf die Zukunft anwenden können. Allerdings gibt es in komplexen Systemen wie dem Wetter Grenzen der Vorhersagbarkeit.

Was bedeutet die Erwärmung für Deutschland? Werden wir im Jahr 2100 ein mediterranes Klima haben?

Nein, definitiv nicht. Denn neben den steigenden Temperaturen im Sommer erwarten uns ja auch erhöhte Niederschlagsmengen und Windgeschwindigkeiten im Herbst und im Frühjahr. Das bedeutet konkret: mehr Stürme, Überschwemmungen, Sturmfluten und Hitzewellen. Wir gehen davon aus, dass bestimmte Wetterextreme schon in den nächsten 40 Jahren fünf- bis zehnmal häufiger auftreten werden, wenn es nicht gelingt, die Erwärmung auf unter zwei Grad Celsius zu halten. Dann würde etwa statt alle 20 Jahre alle zwei bis drei Jahre eine Hitzewelle auf uns zukommen. Das bedeutet für Mitteleuropa ein völlig anderes, noch wechselhafteres Klima.

120 *Wie wirkt sich das auf die Umwelt aus?*

Es hätte dramatische Konsequenzen für die Ökosysteme. Bestimmte Pflanzen wie etwa die Fichten kommen mit der Trockenheit im Sommer nicht gut zurecht. Sie werden sich zurückziehen und stattdessen vermehrt Eichen Platz machen. So wird sich dann über Jahrzehnte hinweg die Landschaft verändern.

Wie kann sich Deutschland auf häufigere Extremwetterereignisse einstellen?

Gegen Hitzewellen hilft eine bessere Luftzirkulation in den Städten durch geschicktes Anordnen von Straßen und Gebäuden. Auch Grünflächen mildern die Erwärmung, vor allem auf und an Gebäuden. Zudem müssten die Abwassersysteme ausgebaut werden, um steigende Niederschlagsmengen fassen zu können.

Wenn Sie großflächiger schauen, dann benötigen Sie weitere Auenlandschaften und Überschwemmungsgebiete als Pufferzone, um zu verhindern, dass bei anhaltenden Regenfällen Flüsse in besiedelten Regionen über die Ufer treten. Gegen Sturmfluten hilft ein verbesserter Küstenschutz, und um die Auswirkungen von Stürmen zu reduzieren, ist es sinnvoll, kranke Bäume in der Stadt, an

Höchste Schneemenge in einer Saison: 29 Meter *Mount Baker, Washington, USA, Winter 1998/99*

Größter Durchmesser eines Hagelkorns: 20,32 cm *Vivian, South Dakota, USA, 23. 7. 2010*

Höchste Windgeschwindigkeit in einem Tornado: 486 km/h *Bridge Creek, Oklahoma, USA, 3. 5. 1999*

Größte Dichte an Blitzen: 233 pro km² und Jahr *Maracaibo-See, Venezuela, 1998–2013 (Mittelwert)*

Längste Trockenperiode: 173 Monate *Arica, Chile, Oktober 1903 bis Januar 1918*

Stärkste Ultraviolettstrahlung: UV-Index 43,3 *Provinz Sur Lípez, Bolivien, 29. 12. 2003*

Von Hagel, Sturm und Blitzen

Wo sind die Winde am stärksten? Wo kommt es besonders häufig zu Gewittern? Wo sind die Hagelkörner am größten? Die extremsten je gemessenen Wetterereignisse weltweit

Höchster Luftdruck:
1083,8 hPa *Station Agata,*
Russland, 31. 12. 1968

Höchste Einzelwelle (wissenschaft-
lich gemessen): 29,1 Meter
Nordatlantik westlich von Schott-
land, 8. 2. 2000

Schwerstes Hagelkorn:
1,02 kg *Distrikt Gopalganj,*
Bangladesch, 14. 4. 1986

Längste Dauer eines Blitzes:
7,74 Sekunden *Provence,*
Frankreich, 30. 8. 2012

Höchste Lufttemperatur:
54,0 °C *Station Mitribah,*
Kuwait, 21. 7. 2016

Niedrigster Luftdruck (ausge-
nommen Tornados): 870 hPa
Taifun »Tip«, Nordwestpazifik,
12. 10. 1979

Größte Regenmenge in 24
Stunden: 1825 Liter pro m²
Hochplateau Foc-Foc,
La Réunion, Frankreich,
7.–8. 1. 1966

Höchste Geschwindigkeit
einer Windböe: 408 km/h
Barrow Island, Australien,
10. 4. 1996

Niedrigste Lufttemperatur:
−89,2 °C *Station Wostok,*
Antarktis, 21. 7. 1983

Der Klimawandel

ist auch eine

CHANCE:

Die Umstellung auf

erneuerbare

ENERGIEN

schafft Wachstum

Straßen und Schienen zu entfernen. Umgekehrt helfen ausgedehnte Waldflächen, Stürmen ihre Kraft zu nehmen, wenn sie vom Meer über das Land ziehen.

Könnten einige Regionen der Erde durch den Klimawandel unbewohnbar werden?

Die Inselstaaten im Pazifik sind bereits jetzt durch den Meeresspiegelanstieg bedroht, weil Meerwasser in die Süßwasserreservoirs eindringt. Wenn die Erwärmung anhält, werden zudem ganze Inseln und große Küstengebiete überschwemmt, etwa in Bangladesch. Das Land hat anders als Deutschland nicht die Mittel für Schutzmaßnahmen. Millionen

Menschen wären gezwungen zu fliehen. Die Ärmsten würde es am härtesten treffen.

Um das zu verhindern, fordern Wissenschaftler, die Erderwärmung auf zwei Grad Celsius zu begrenzen. Ist das realistisch?

Das verlangen nicht die Wissenschaftler, sondern das ist die Forderung aller Länder, die dem Pariser Klimaabkommen zugestimmt haben. Ich habe große Hoffnung, dass wir dieses Ziel erreichen können. Allerdings wird das mit jedem verstreichenden Jahr schwieriger. Denn um es einzuhalten, dürfen wir insgesamt nicht mehr als 770 Milliarden Tonnen CO_2 ausstoßen. Im Augenblick betragen die jährlichen Emissionen weltweit rund 40 Milliarden Tonnen. Das bedeutet, dass unser Budget bei gleichbleibenden Emissionen vor dem Jahr 2040 aufgebraucht sein wird. Dann müssten wir schlagartig auf null heruntergehen. Je stärker wir also heute schon reduzieren, desto mehr Zeit bleibt uns, bis wir die Zwei-Grad-Marke endgültig reißen.

Manche wollen sogar eine Begrenzung auf 1,5 Grad erreichen. Warum macht ein halbes Grad so einen Unterschied?

Denken Sie an Ihren eigenen Körper. Ein halbes Grad mehr, und Sie fühlen sich schlapp und fiebrig. Das ist beim Planeten Erde mit seinen Ökosystemen nicht anders. Hinzu kommt, dass es sich bei den 1,5 Grad Celsius um einen Durchschnittswert handelt, der sich nicht gleichmäßig über den Globus verteilt. So ist die Erwärmung in den Tropen gering, während die Temperatur in Mitteleuropa und an den Polen um mehrere Grad Celsius ansteigt. Ob beispielsweise die Eisbedeckung in der Arktis und Antarktis den Sommer übersteht oder nicht, entscheidet sich zwischen 1,5 und zwei Grad Celsius. Zu diesem Ergebnis kam der Weltklimarat in seinem letzten Bericht.

Was ist die Funktion dieses Rates?

Dies ist ein UN-Gremium, zusammengesetzt aus Delegierten aus aller Welt, das 1988 gegründet wurde. Seine Aufgabe ist es, wissenschaftliche Informationen zum menschengemachten Klimawandel zusammenzutragen und kritisch zu beurteilen. Diese Arbeit leisten Tausende Wissenschaftler weltweit. Der erste

Vermag ein Klimamodell die Entwicklung der letzten 100 Jahre zu simulieren, lässt es sich auch auf die Zukunft anwenden, so Stocker

Der heiße Planet

Bis zum Ende des Jahrhunderts werden die Temperaturen weltweit steigen — mancherorts mit dramatischen Folgen

Erderwärmung unter 2 °C

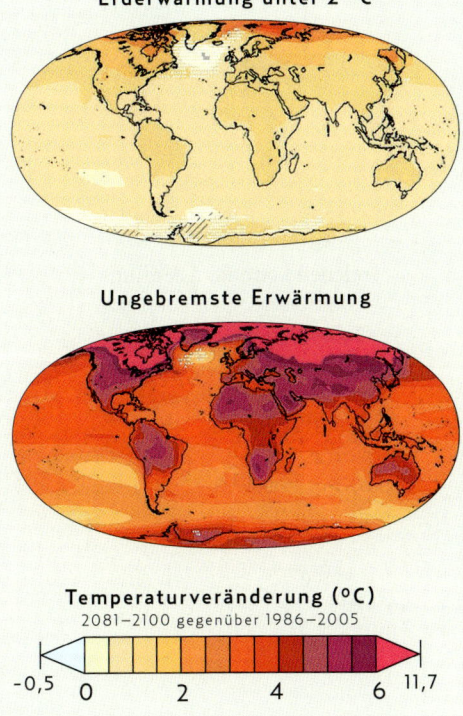

Ungebremste Erwärmung

Temperaturveränderung (°C)
2081–2100 gegenüber 1986–2005

-0,5   0   2   4   6   11,7

Wenn sich die Erde insgesamt erwärmt, erhitzt sie sich nicht überall in gleichem Maße. Am Nordpol etwa fällt der Anstieg stärker aus als am Äquator. Die obere Karte zeigt, um wie viel sich die Temperaturen in den einzelnen Regionen bis zum Jahr 2100 verändern — sofern es gelingt, die mittlere Erderwärmung auf unter zwei Grad Celsius zu begrenzen, wie im Klimaabkommen von Paris vereinbart. Die untere Karte zeigt ein Szenario für nicht reduzierte Treibhausgas-Emissionen: Bei einem mittleren globalen Temperaturanstieg von bis zu 4,8 Grad Celsius ist die Eiskappe der Arktis verschwunden, vielerorts drohen Hitzewellen und Dürren.

seine heutigen Ziele um, werden wir dennoch bei etwa 2,7 bis drei Grad Celsius Erwärmung landen. Da muss also in Zukunft noch mehr geschehen. Mit jeder Runde wird es natürlich schwieriger, weil das verbleibende Treibhausgas-Budget von Jahr zu Jahr kleiner wird. Derzeit verlieren wir mit jedem Jahrzehnt ein halbes Grad. In zehn Jahren wird das Zwei-Grad-Ziel so ehrgeizig und schwierig zu erreichen sein wie das 1,5-Grad-Ziel heute.

Was kann jeder Einzelne für den Klimaschutz tun?

Zunächst einmal zählt jedes eingesparte Gramm Kohlendioxid. Ich selbst habe zum Beispiel meinen Fleischkonsum stark reduziert, da die Herstellung tierischer Lebensmittel für einen großen Teil des globalen Treibhausgasausstoßes verantwortlich ist. Zudem versuche ich möglichst auf das Auto zu verzichten. Fernreisen kann ich als Wissenschaftler leider nicht vermeiden. Aber das ist nur ein Aspekt. Viel wichtiger ist, dass die Politik endlich die richtigen Weichen stellt.

Welche wären das?

Es ist Zeit für eine vierte industrielle Revolution. Nach Mechanisierung, Elektrifizierung und Digitalisierung muss jetzt die Dekarbonisierung kommen. Gelingt es, von Kohle, Erdöl und Erdgas wegzukommen, hilft das nicht nur dem Klima. Es schafft auch Arbeitsplätze, technologische Entwicklung und Wachstum, weil wir eine völlig neue Infrastruktur der erneuerbaren Energien aufbauen müssen. Das ist eine Riesenchance, und jeder kann mitbestimmen, ob es dazu kommt oder nicht.

Haben wir Bürger wirklich diese Macht?

Sie haben mehr Einfluss, als Sie denken. Nehmen Sie am politischen Leben teil. Üben Sie Druck aus, gehen Sie zur Wahl, und zeigen Sie den Politikern, dass Ihnen das Klima wichtig ist. Es geht hier nicht mehr um Positionen von links oder rechts, um diese oder jene Partei. Sondern um unsere gemeinsame Zukunft.●

PROF. DR. THOMAS STOCKER, Jg. 1959, ist Experte für die Entwicklung von Klimamodellen. Die von ihm geleitete Abteilung ist weltführend in der Bestimmung von Treibhausgaskonzentrationen in Eisbohrkernen aus Grönland und der Antarktis.

Bericht wurde 1990 publiziert. Auf dessen Grundlage wurde 1992 bei der Konferenz in Rio die Klimarahmenkonvention formuliert. Darin bekannten sich die Staaten dazu, dass gefährliche Auswirkungen durch den vom Menschen verursachten Klimawandel verhindert werden müssen. Jedoch dauerte es noch mehr als 20 Jahre, bis man sich 2015 im Paris-Abkommen darauf einigte, die Erderwärmung auf zwei oder gar 1,5 Grad Celsius zu begrenzen. Und zwar auf Basis des fünften Klimaberichts, dessen wissenschaftlichen Grundlagenteil ich gemeinsam mit einem chinesischen Kollegen leiten durfte.

Und wie soll das konkret geschehen?

Die Länder haben sich Verpflichtungen auferlegt, wie sie ihre Emissionen reduzieren wollen. Nach fünf Jahren zieht jedes Land Bilanz, was es erreicht hat, und setzt sich das nächste, noch ehrgeizigere Ziel. Auf diese Weise hoffen wir, gemeinschaftlich das Zwei-Grad-Ziel Schritt für Schritt zu erreichen — oder vielleicht sogar noch zu übertreffen.

Was geschieht, wenn ein Land seine Zusagen nicht einhält?

Sanktionen gibt es im heutigen Regelwerk nicht, denn dann hätten viele Länder sich nicht auf das Abkommen eingelassen. Das Ganze ist also freiwillig und beruht auf dem Willen der Länder zum Mitmachen. Ein einzelnes Land kann auch wieder aus dem Abkommen austreten, wie es derzeit die USA planen. Das war aber auch schon 1997 beim Kyoto-Protokoll so. Damals hatten sich die Industrieländer darauf verständigt, ihre Emissionen um mindestens fünf Prozent gegenüber 1990 zu reduzieren. Die Schwellen- und Entwicklungsländer wurden vom Kyoto-Protokoll ausgenommen. Diesmal sind alle angehalten, das gemeinsame Ziel zu verfolgen. Es ist auch schon viel geschehen, aber es reicht noch nicht.

Angenommen, alle Länder hielten sich an ihre Zusagen, könnten sie das Zwei-Grad-Ziel dann erreichen?

Nein, dazu sind die Vorhaben noch nicht ehrgeizig genug. Setzt jedes Land

Die SCHNEISE

Katastrophale Saison
2017 ist eines der kost-
spieligsten Hurrikan-Jahre
aller Zeiten: »Irma« und
neun weitere Stürme richten
Schäden in Milliardenhöhe
an (hier »Maria« in
Puerto Rico)

124

Im September 2017 formiert sich über dem Atlantik einer der gewaltigsten Wirbelstürme aller Zeiten: Hurrikan »Irma« fegt über die Karibik und Florida hinweg, fräst die Vegetationsdecke ganzer Inseln ab, verwüstet Dörfer und Städte, tötet mehr als 100 Menschen. Forschern liefert der Ausnahmesturm nie da gewesene Daten in Echtzeit, mit denen sich die rotierenden Ungetüme besser verstehen lassen als jemals zuvor

TEXT: UTE KEHSE

der VERWÜSTUNG

Der September 2017 geht als Katastrophenmonat in die Geschichte ein: In jenen vier Wochen fegt der stärkste je auf dem offenen Atlantik beobachtete Hurrikan über die Karibik und Florida hinweg. „Irma", ein Wirbelsturm der Stärke 5 (die höchste Stufe auf einer Skala, die die Stürme nach ihrer Windgeschwindigkeit ordnet), macht mehrere Inseln dem Erdboden gleich, tötet über 100 Menschen und hinterlässt Schäden in Milliardenhöhe. Häuser und Schulen werden zerstört, Zehntausende verlieren ihr Obdach.

Noch dazu ist Irma nur die Spitze in einem der kostspieligsten Sturmjahre im Atlantik seit Beginn der Wetteraufzeichnungen: Insgesamt entwickeln sich 2017 dort zehn Hurrikans.

Von diesen Stürmen erreichen auch „Harvey", „Jose" und „Maria" zwischenzeitlich die Stufe 4 oder gar 5 – was in dieser Häufung extrem selten vorkommt. Wohl noch nie haben atlantische Hurrikans binnen wenigen Wochen so viel Energie entfesselt wie im Spätsommer 2017.

Doch Irma richtet nicht nur Verwüstungen an. Der Rekordsturm liefert den Meteorologen zugleich nie da gewesene Daten in Echtzeit, bietet ihnen die Gelegenheit, ein Jahrhundertereignis aus nächster Nähe zu studieren.

Da die Forscher Irmas Weg minutiös verfolgen, lernen sie viel über das rätselhafte Innere des Ungetüms, über seine Dynamik.

Diese Informationen werden sich nutzen lassen, um zu verstehen, welche Kräfte einen Sturm speisen, wie er sich weiterentwickelt, welchen Kurs er einschlägt. Und nicht zuletzt: um Vorsagen künftiger Stürme zu verfeinern und damit Betroffene besser zu schützen.

Deshalb ist Irma von hohem wissenschaftlichen Interesse. Die ersten Anzeichen des Sturms registrieren Meteorologen an einem Wochenende im August.

26. 8. 2017, Miami. In der Nationalen Hurrikanzentrale der US-Behörde für Wetter und Ozeanografie, einem flachen Bau mit massiven Stahlbetonwänden auf dem Campus der Florida International University, verfolgen Experten der Hurricane Specialist Unit mit besorgtem Inter-

esse die Wetterlage. In dem fensterlosen, besonders gesicherten Raum im Zentrum des Gebäudes, der aussieht wie das Kontrollzentrum einer Raumfahrtmission, laufen rund um die Uhr Wetterdaten aus dem Nordatlantik und dem östlichen Nordpazifik zusammen.

Die Forscher sichten Satellitenbilder, überwachen Karten von Wassertemperaturen und Windgeschwindigkeiten, analysieren Zahlenkolonnen und Temperaturkurven. Auf Basis dieser Daten geben sie Sturmwarnungen für die US-Küsten und US-Territorien in der Karibik heraus.

Unter ihnen ist auch Eric Blake, ein Familienvater aus Miramar nördlich von Miami. Seine Aufmerksamkeit konzentriert sich an diesem Tag auf Hurrikan Harvey. In der Nacht zuvor hat das Zentrum dieses mächtigen Sturms der Kategorie 4 Texas erreicht und wirft nun seine Wassermassen dort ab.

„Sturzfluten, Tornados und jede Menge Blitze! Passt auf euch auf", twittert Blake nach einem Blick aufs Regenradar. Er kann allenfalls ahnen, dass in Harveys Schatten bereits die nächste Katastrophe heraufzieht, ein so gewaltiger Sturm, dass er selbst den Hurrikan der Stufe 4 noch übertreffen und am Ende auch Blake selbst und seine Heimat bedrohen wird.

Die Wetterforscher registrieren an diesem Tag lediglich, dass sich jenseits des Atlantiks etwas zusammenbrauen könnte: Über Westafrika bildet sich eine „tropische Wellenstörung".

So nennen die Meteorologen Tiefdruckgebiete, die über dem afrikanischen Kontinent entstehen und von dort auf den Atlantik ziehen. Getrieben von Winden, die aus starken Unterschieden zwischen der trockenen, heißen Luft über der Sahara und den kühleren, feuchten Luftmassen am Golf von Guinea hervorgehen.

Der tropische Atlantik ist in diesem Spätsommer ungewöhnlich warm, die Luft feucht, und in großer Höhe wehen nur leichte Winde. Aus Sicht von Experten alles Faktoren, die aus einer tropischen Wellenstörung einen Sturm entstehen lassen. Doch nicht jedes solche Tiefdruckgebiet nimmt eine derartige Entwicklung. Und so prognostizieren die Meteorologen für die Wellenstörung, die am folgenden Tag auf den Atlantik driften soll, nur eine Wahrscheinlichkeit von 20 Prozent, in den nächsten fünf Tagen zu einem Sturm heranzuwachsen.

Peitschende Winde
Am 10. September 2017 trifft Irma auf die Küste Floridas; sechs Millionen Menschen sind zuvor aufgefordert worden, die Halbinsel zu verlassen

Im Inneren eines Hurrikans

Alljährlich entwickeln sich über den Weltmeeren Wirbelstürme. Ihre Energie beziehen
sie aus Wasserdampf, die Erdrotation versetzt sie in Drehung

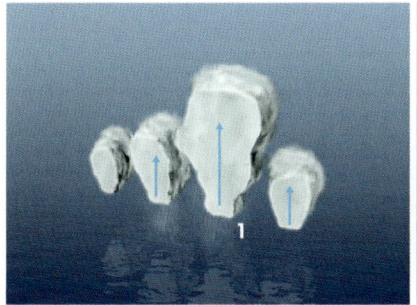 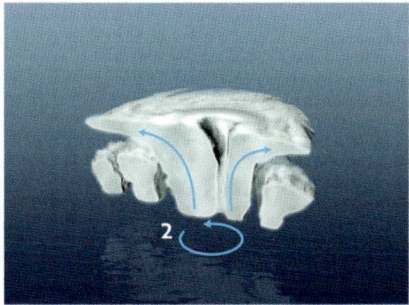 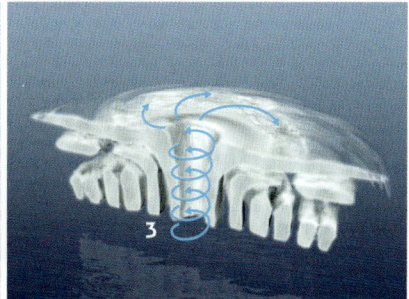

Wenn sich die tropischen Ozeane im Sommer und Herbst aufheizen, steigen an manchen Stellen gewaltige Luftpakete empor, die über dem Meer zuvor große Mengen an Wasserdampf aufgenommen haben (1).

In der Höhe kühlen sie ab, der Dampf kondensiert zu feinsten Wassertröpfchen und setzt dabei Energie frei: Die Tröpfchen bilden riesige Gewitterwolken, aus denen es heftig regnet; und die Energie lässt die Wolken immer höher wachsen (blaue Pfeile). Die aufsteigenden Luftmassen lassen den Luftdruck über der Meeresoberfläche weiter fallen. Aus dem tropischen Tiefdruckgebiet kann sich ein Sturmsystem bilden (2): Das Zentrum, in dem der Druck am niedrigsten ist, saugt stetig feuchtwarme Luft an. Durch die Erdrotation wird die auf ihrem Weg spiralförmig abgelenkt. Das Wolkensystem beginnt, sich wie ein Kreisel zu drehen, und schwillt großräumig an, die Windgeschwindigkeiten nehmen immer weiter zu.

Sobald in seinem Zentrum ein »Auge« entsteht – eine fast windstille, meist wolkenfreie Zone –, hat der Hurrikan seine typische Form angenommen (3).

Erst wenn das System keinen neuen Wasserdampf aufnehmen kann, etwa nach dem Auftreffen auf Land oder beim Abdriften nach Norden, schwächt sich der Wirbelsturm wieder ab und löst sich schließlich auf.

Genaueres kann zu diesem Zeitpunkt noch niemand sagen.

30. 8., 600 km westlich der Kapverden. Während alle Welt noch auf die von Harvey angerichteten Verwüstungen in Texas schaute, haben die Meteorologen mit Sorge verfolgt, wie die tropische Wellenstörung mit heftigem Regen und Gewittern über die Kapverdischen Inseln hinweggezogen ist – und sich dann weit schneller als erwartet in einen ausgewachsenen tropischen Sturm verwandelte.

Motor der unvermindert fortschreitenden Entwicklung ist warme, feuchte Luft, die über dem Meer nach oben steigt (siehe Illustration oben) und sich abkühlt, sodass der in ihr enthaltene Wasserdampf kondensiert: zu gewaltigen Regenwolken. All das wird durch jene Energie, die bei der Kondensation frei wird, noch verstärkt. Die Energie lässt die nun trockene Luft weiter steigen, bis sie sich in großer Höhe zu allen Seiten verteilt – während zugleich neue feuchte Luftmassen nach oben gesaugt werden.

Nahe der Oberfläche strömt deshalb von allen Seiten Luft Richtung Zentrum. Doch ihre Bewegung wird durch die Erdrotation zur Seite abgelenkt.

So kann sich ein tropisches Tiefdruckgebiet zu einem Sturmsystem mit kilometerhoch ragenden Wolkentürmen und spiralförmigen Wolkenbändern entwickeln, bei dem die Winde gegen den Uhrzeigersinn um die Mitte kreisen.

Genau dies geschieht gerade jetzt.

Die maximale Geschwindigkeit der rotierenden Winde ist bereits am frühen Morgen so hoch, dass der Wirbel nun als „tropischer Sturm" bezeichnet wird und einen Namen erhält.

Die World Meteorological Organization gibt zur Benennung alphabetische Listen vor, die sich alle sechs Jahre wiederholen. Der neunte atlantische Tropensturm des Jahres 2017 wird per Verlautbarung des National Hurricane Center am 30. August um 11.00 Uhr Miami-Zeit geboren und heißt: Irma.

Mit einem Tempo von 20 km/h zieht der Wirbel auf dem Atlantischen Ozean in westliche Richtung, nimmt Kurs auf die mehr als 3000 Kilometer entfernten Inseln der Karibik. Sein zerstörerisches Potenzial beunruhigt die Meteorologen in Florida nun zunehmend.

„Einige Verstärkung ist vorhergesagt in den nächsten 48 Stunden, und Irma könnte am Freitag ein Hurrikan werden", schreibt Eric Blake in dem ersten offiziellen Bericht vom Vormittag. Dazu müsste der Sturm eine maximale Windgeschwindigkeit von mehr als 118 km/h erreichen.

**UNAUFHÖRLICH NIMMT
DER WOLKENWIRBEL
IMMER GRÖSSERE AUS-
MASSE AN**

DIE WINDGESCHWIN-
DIGKEIT ERREICHT
EINEN HISTORISCHEN
REKORDWERT

31. 8., 1100 km westlich der Kapverden. Irma ist über Nacht und im Laufe des Tages deutlich schneller gewachsen als erwartet. Ihre rotierende Wolkenscheibe hat sich unaufhaltsam große Mengen Wasserdampf einverleibt und ist binnen 30 Stunden von einem Tropensturm zu einem schweren Hurrikan der Kategorie 3 geworden, wie die Experten in Florida um 17 Uhr vermelden; mit Windgeschwindigkeiten von bis zu 185 km/h.

Auch Irmas Gestalt wird immer eindrucksvoller: In einem Gebiet von mehreren Hundert Kilometern Durchmesser formieren sich spiralförmige Wolkenbänder. Über der mittleren Zone des Wirbels hat sich ein Dach aus Zirruswolken gebildet.

Nur im nahezu windstillen Zentrum, das von gewaltigen Gewitterwolken umkreist wird, herrscht klare Sicht. Dieses wolkenfreie „Auge" ist nun vom Weltraum aus deutlich zu sehen.

3. 9., 1275 km östlich von Barbuda. Irma ist schwächer geworden. Ihr Auge hat sich hier und da mit Wolken gefüllt. Denn sie hat Gebiete mit nur mäßig warmem Wasser und relativ trockener Luft durchquert.

Ein Schiff, das am Vortag 90 Kilometer westlich des Zentrums vorbeigefahren ist, registrierte Windgeschwindigkeiten im unteren Sturmbereich, was bedeutet: Irma ist für einen Hurrikan ziemlich klein.

Dennoch kein Aufatmen. Denn ein starkes Hochdruckgebiet über dem zentralen Nordatlantik verhindert nun, dass der Tropensturm in nördliche, kühlere Gefilde driftet. „Die Bewohner der nördlichen Kleinen Antillen und von Puerto Rico müssen ernsthaft aufmerksam sein!", twittert Eric Blake am Nachmittag.

Im Inselstaat Antigua und Barbuda sowie auf den Inseln westlich davon geben die Behörden Hurrikan-Alarm aus. Blake und seine Kollegen rechnen damit, dass sich Irmas Gewalt in den nächsten Tagen wieder steigern wird. Denn auf ihrem Kurs liegen warme Meeresgebiete mit Temperaturen von 29 Grad Celsius, die sie mit neuer Energie speisen.

Am folgenden Tag werden die bestehenden Alarmierungen verschärft sowie neue ausgerufen für die Jungferninseln und Puerto Rico.

5. 9., 445 km vor Barbuda. Die Befürchtungen der Meteorologen haben sich bestätigt. Um 7.45 Uhr Ortszeit in Florida geben sie bekannt, dass Irma die höchste Stufe 5 der Skala erreicht hat, was nur wenige Stürme schaffen.

Bild des Schreckens
Besonders schwer trifft es die Inseln der Karibik: Nur wenige Tage nach Irma legt Hurrikan Maria viele Orte in Trümmer (hier San Isidro auf Puerto Rico)

Zerstörerische Brandung
Zwar zieht das Auge von Irma über Floridas Westseite, doch auch die Ostküste (hier Ponte Vedra Beach) bekommt die Ausläufer in Form einer Sturmflut zu spüren

Der Grund für ihre neue Kraft: Irma hat Regionen im Atlantik erreicht, in denen sich warme Wasserschichten rund 50 bis 100 Meter in die Tiefe erstrecken – und somit fortgesetzt Energie liefern, um Wirbelwinde immer weiter anzuheizen.

Auch die Bedingungen in der Atmosphäre oberhalb des Ozeans begünstigen Irmas Entwicklung: Die schwachen Luftzüge in höheren Schichten haben nicht die Kraft, die gewaltigen Gewittertürme auseinanderzureißen, die das Kraftzentrum des Hurrikans bilden. „Wie aus dem Lehrbuch", kommentiert Hurrikan-Spezialist Eric Blake auf Twitter.

Um 14.00 Uhr erreicht die Windgeschwindigkeit einen Rekordwert: Die Luft wirbelt mit 290 km/h um das Auge des Sturms. Selbst in 95 Kilometer Entfernung vom Zentrum haben die Winde noch Hurrikanstärke.

Irma ist damit zum stärksten Wirbelsturm herangewachsen, der je über dem offenen Atlantik beobachtet wurde.

Auch in seiner Ausdehnung nimmt der Wolkenwirbel unaufhaltsam zu, erlangt einen Durchmesser von mehr als 600 Kilometern, das entspricht annähernd der Fläche Deutschlands. Und am Abend erfasst der Sturm in äußeren Bereichen die ersten Inseln der Karibik.

Die Warnungen der Experten sind nun unmissverständlich: Irma sei „extrem gefährlich" und „potenziell katastrophal". Besonders bedroht ist die nördliche Kette der Kleinen Antillen, beginnend mit Antigua und Barbuda. Bei ihrer Prognose gehen die Forscher davon aus, dass Irma sich nach Norden wenden wird – und genau auf Florida zusteuern könnte. Dann wären sie selber betroffen. „Heute ist der

Tag, um sicherzustellen, dass alle Details meines Hurrikanplans erledigt sind", hat Eric Blake bereits am Vortag getwittert, „keine Panik, nur vorbereiten!"

Auf Antigua und Barbuda wappnen sich Polizei, Feuerwehr und Rotes Kreuz für den Sturm. Helfer kappen Bäume in der Nähe von Stromleitungen und entfernen Schutt aus der Kanalisation. Die Bewohner erhalten Anweisung, Trinkwasser und Nahrungsmittel zu bevorraten und draußen alles wegzuräumen, was im Sturm herumfliegen könnte.

Hausbesitzer vernageln die Fenster und sichern Wellblechdächer mit Holzplanken. Vorsorglich wird der Strom abgestellt. Viel Zeit bleibt nicht mehr. Premier Gaston Browne ordert Hilfslieferungen aus Venezuela und den USA. Und bittet Gott um Gnade für sein Land.

6. 9., Barbuda. Um 1.45 Uhr Ortszeit trifft der Monster-Hurrikan auf Land: Irma zieht mit ihrem Auge genau über Barbuda und hinterlässt ein Trümmerfeld.

Telefonmasten knicken um, Häuser werden zu Kleinholz. Schulen, der Flughafen, Hotels: nur noch Ruinen. Die Was-

Der nasse Sturm

Neben starken Winden und Sturmfluten verursachen Hurrikans wie Irma auch gewaltige Niederschläge

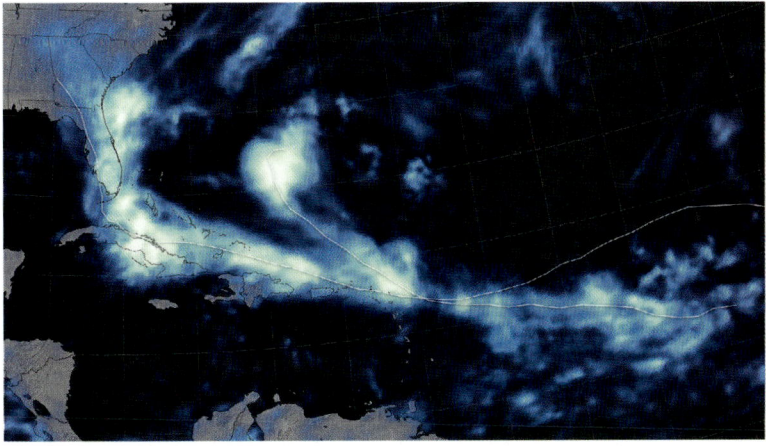

Diese Karte zeigt, welche Mengen an Wasser aus den Wolkensystemen von Irma und »Jose« in der Zeit vom 5. bis 12. September 2017 abregnen. Je heller der Bereich, desto stärker die Niederschläge – in der weißen Region über Kuba fallen bis zu 500 Liter pro Quadratmeter. Sichtbar wird zudem der Weg der Stürme: Während Jose knapp vor den Kleinen Antillen nach Norden abdreht, trifft Irma die Karibik und Florida mit voller Wucht.

Die ganze Welt des Wissens.

Lesen oder verschenken Sie 4x GEOkompakt mit einer exklusiven Prämie zur Wahl.

„ GEOkompakt präsentiert die Grundlagen der Wissenschaft – in leicht verständlicher Sprache, mit aufwendigen Illustrationen und brillanter Fotografie.

Herzlichst

Michael Schaper

Michael Schaper,
Chefredakteur GEOkompakt

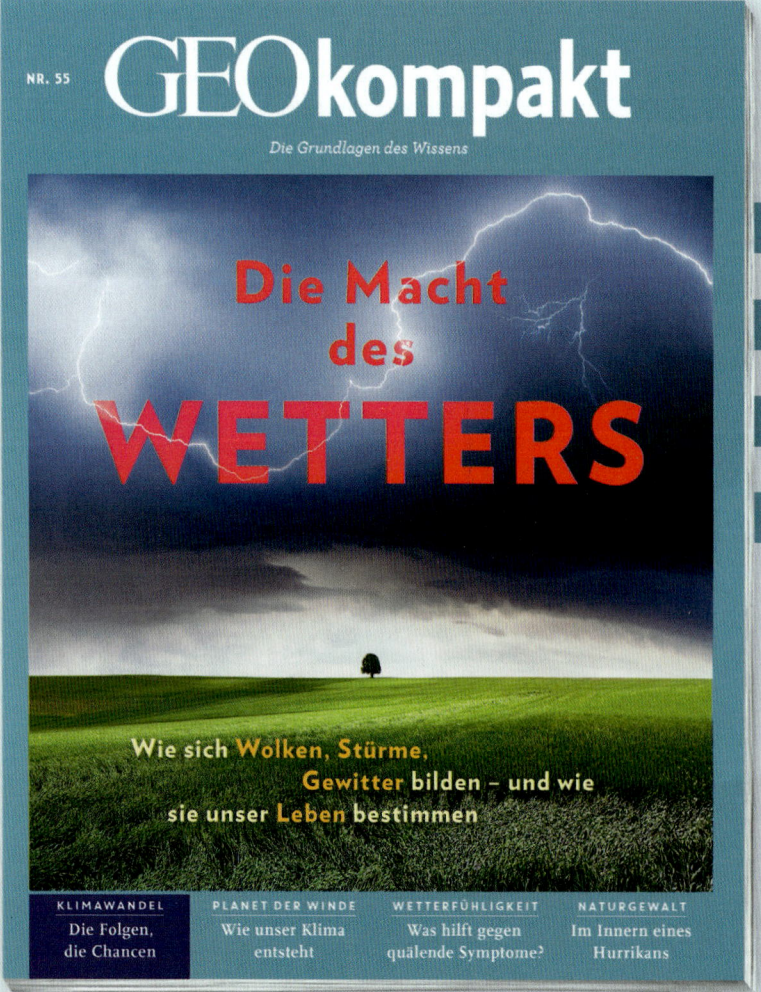

NR. 55
GEOkompakt
Die Grundlagen des Wissens

Die Macht des WETTERS

Wie sich Wolken, Stürme, Gewitter bilden – und wie sie unser Leben bestimmen

KLIMAWANDEL
Die Folgen, die Chancen

PLANET DER WINDE
Wie unser Klima entsteht

WETTERFÜHLIGKEIT
Was hilft gegen quälende Symptome?

NATURGEWALT
Im Innern eines Hurrikans

+ WUNSCH-PRÄMIE ZUR WAHL
Zur Begrüßung als Dankeschön.

+ JEDERZEIT KÜNDBAR
Nach Ablauf des 1. Jahres.

+ KOSTENLOSE LIEFERUNG
Wir übernehmen die Versandkosten für Sie.

+ BILDUNGSRABATT
Studenten sparen 40 %.

Anbieter des Abonnements ist Gruner + Jahr GmbH & Co KG. Belieferung, Betreuung und Abrechnung erfolgen durch DPV Deutscher Pressevertrieb GmbH als leistenden Unternehmer.

2. GEOkompakt-Bestseller

Spannendes Wissen im Doppelpack.

- „Sport und Gesundheit – die Heilkraft der Bewegung"
- „Wie Tiere denken"

Ohne Zuzahlung

3. Multibag „Step", navy

Multifunktionaler Alltagsbegleiter für jede Situation.

- Rucksack, Umhängetasche und Shopper in einem
- Abnehmbarer, längenverstellbarer Schultergurt
- Maße: ca. 29,5 x 48,5 x 15 cm

Zuzahlung: nur 1,– €

JETZT BESTELLEN!

4. Kugelgrill „Cookout", blau

Perfekt für Picknick, Balkon oder Garten.

- Herausnehmbare Schale mit Luftlöchern für Kohle
- Durchmesser Grillrost: ca. 29 cm
- Garhaube mit Belüftungsfenster und Holzgriff

Zuzahlung: nur 1,– €

5. Bluetooth-Lautsprecher „Cuboid", schwarz

Genießen Sie kabellos Ihre Lieblingsmusik!

- Für Smartphones, Tablets etc. mit Bluetooth
- USB-Anschluss und Slot für MicroSD-Karten
- Maße: ca. 10,8 x 5,4 x 3,6 cm

Zuzahlung: nur 1,– €

---

1 Jahr GEOkompakt für zzt. nur 40,– € (inkl. MwSt. und Versand) bestellen unter:

kundenservice@dpv.de   **+49 (0) 40/55 55 89 90**   **www.geo-kompakt.de/abo**

Einfach ausgefüllte Karte einsenden oder mit Smartphone fotografieren und per E-Mail verschicken.

Bitte immer die Bestell-Nr. angeben: selbst lesen 175 6925 / verschenken 175 6926 / als Student lesen (exkl. Prämie) 175 6927

Online noch weitere tolle Angebote entdecken.

Im Sog der Wolkenturbine

Nördlich von Kuba tankt Wirbelsturm Irma neue Kraft

10. September 2017: Irma spannt ihre Wolkenbänder inzwischen viele Hundert Kilometer weit über den Süden Floridas. In den warmen Gewässern hat sie neuen Wasserdampf aufgenommen und ist abermals stärker geworden. Im Laufe des Tages schwächt sich der Sturm endlich ab.

Ruinierte Infrastruktur
Selbst Straßen aus Asphalt und Beton (hier auf Puerto Rico) können den gewaltigen Flutwellen eines Wirbelsturms oft nicht widerstehen

serversorgung bricht zusammen, die Telekommunikation ebenfalls. Weil die Insel über Stunden von der Außenwelt abgeschnitten ist, wird das Ausmaß der Zerstörung erst nach und nach bekannt. Premier Browne, der noch im Laufe des Tages mit einem Hubschrauber über Barbuda fliegt, ist erschüttert: Das einst paradiesische Fleckchen Erde ist nicht wiederzuerkennen. Ersten Berichten zufolge ist ein zweijähriges Kind gestorben, als seine Angehörigen mitten im Sturm versuchten, ihr beschädigtes Haus zu verlassen.

Angesichts der Verwüstungen erscheint es fast wie ein Wunder, dass insgesamt nur drei Menschen umkommen.

Saint-Martin steht das Unheil als Nächstes bevor. Über die Karibikinsel zieht der Hurrikan am Vormittag gegen 11.15 Uhr hinweg. Augenzeugen beschreiben albtraumhafte Szenen: Der Sturm hebt Autos in die Luft, deckt Dächer ab und fegt ganze Gebäude hinweg.

Die rasenden Winde treiben große Wassermassen vor sich her. Eine Sturmflut, die sich zu meterhohen Wellen auftürmt, überspült Straßen und schwemmt eine dicke Schicht Sand in ufernahe Gebäude, würfelt Container im Hafen durcheinander und wirft Boote an Land.

Mit Wucht trifft Irma auch das französische Millionärsparadies Saint-Barthélemy sowie das britische Anguilla. Am

DIE HURRIKAN-JÄGER WERDEN HERUMGEWIRBELT WIE IN EINER ACHTERBAHN

Nachmittag zieht das Sturmzentrum über die Britischen Jungferninseln und die nördlichen U. S. Virgin Islands hinweg – und richtet dort eine Verwüstung kaum vorstellbaren Ausmaßes an. Der Hurrikan zertrümmert nicht nur menschliches Hab und Gut, sondern vernichtet auch die Natur: Auf Satellitenbildern erscheinen die einst grünen Jungferninseln nach der Katastrophe schmutzig braun. Ihre Pflanzendecke ist verschwunden.

„Ich habe noch nie einen derart starken Hurrikan im Atlantischen Becken gesehen, der so lange anhält", twittert Eric Blake. „Die unglaubliche Irma nur zwei Wochen nach Harvey auf dem Radar zu sehen ist Wahnsinn."

Der Meteorologe hat inzwischen Läden vor den Fenstern seines eigenen Hauses angebracht, um es vor Irmas Winden zu schützen. In den nächsten Tagen wird er dafür keine Zeit haben. Während er sich auf Nachtschichten einstellt, ist seine Familie nach Norden aufgebrochen.

Das Hochdruckgebiet über dem Nordatlantik drängt Irma weiterhin auf eine Bahn, die kaum nach Nordwesten abgelenkt ist – aber immerhin so weit, dass sie Puerto Rico nur mit Ausläufern überstreicht.

Dennoch sterben auch hier mehrere Menschen, und eine Million Einwohner sind nach Irmas Abzug ohne Strom.

Im Laufe der Nacht lassen die Sturmwinde ein klein wenig nach. Doch entscheidend abgeschwächt hat sich Irma noch nicht, sie bleibt in der Kategorie 5.

Entlang ihres erwarteten Kurses liegen nun unter anderem die Dominikanische Republik, Haiti, Kuba, die Bahamas – und auch Florida. Dort sind die Vorbereitungen in vollem Gange: Schon am 4. September hat der Gouverneur Rick Scott vorsorglich den Ausnahmezustand erklärt. Die Schulen bleiben in den nächsten Tagen geschlossen, lokale Behörden

131

Trümmerfeld

Zerstörte Boote türmen
sich auf dem Anleger
eines Yachthafens an den Florida
Keys. Meereswellen und
Orkanwinde haben sie durcheinandergewirbelt

ordnen für die südlichen Küstengebiete und die vorgelagerten Inseln der Florida Keys die Evakuierung an.

8. 9., Lakeland, Florida. Nicht nur von außen beobachten Meteorologen den Sturm. Auch in seinem Inneren sind Hurrikan-Jäger permanent im Einsatz, um Messungen vorzunehmen.

Um 3.24 Uhr morgens startet die Lockheed WP-3D Orion „Kermit", ein robustes, mit zahlreichen Instrumenten ausgerüstetes Propellerflugzeug.

Mit an Bord: der Wissenschaftler Jason Dunion, der für die Wetterbehörde die mächtigsten atlantischen Stürme erforscht und später von seinen Erlebnissen berichten wird. Irmas Auge hat einige Stunden zuvor die Insel Little Inagua überquert, die zu den Bahamas gehört und zusammen mit etlichen Nachbarinseln evakuiert wurde. Nun bewegt sich der Hurrikan Richtung Kuba – allerdings nur noch mit Stärke 4.

Auf dem achtstündigen Flug erlebt Dunion ein seltenes Schauspiel: Der kilo-meterhohe Wall aus Gewitterwolken, der das Auge umgibt, löst sich allmählich auf. Stattdessen entsteht ein neuer, noch größerer Augenwall. „Nur die gewaltigsten Stürme durchleben solche Zyklen", resümiert der Forscher später.

Auf ihrem Flug durch Irmas Regenbänder werden die Hurrikan-Jäger herumgewirbelt wie in einer Achterbahn. Insgesamt viermal brechen sie durch den turbulenten, von peitschendem Regen durchzogenen Wolkenwall in das ruhige Auge. „Es ist ein surreales Erlebnis, wenn die Wolken verschwinden und der Flug plötzlich ganz ruhig wird", schildert Dunion seine Eindrücke.

Nur am Rand des rund 37 Kilometer durchmessenden Auges türmen sich die

Wolken auf wie die Tribüne eines riesigen Stadions. Über sich sieht Dunion den klaren Himmel, unter sich die von Gischt gekrönten Wellen auf dem Ozean.

Inmitten des Sturmzentrums werfen die Hurrikan-Jäger kleine Wettersonden ab, um Druck, Temperatur, Luftfeuchtigkeit und Windgeschwindigkeit auch nahe der Oberfläche zu erfassen.

Mithilfe verschiedener Radargeräte erhalten Dunion und seine Kollegen ein detailliertes 3-D-Bild der Windverhältnisse – von weit unten über dem Meer bis zur Spitze des Sturms in mehr als 15 Kilometer Höhe. In Echtzeit werden die Daten an verschiedene Vorhersagezentren weitergeleitet.

Als die Crew um halb zwölf Uhr mittags wieder in Florida landet, bläst Irma nach wie vor mit 250 km/h, nur knapp unter der Grenze zu Kategorie 5.

Die Besatzung macht sich schnell auf den Weg, um letzte Vorbereitungen zu treffen. Denn Irma ist nur noch gut 600 Kilometer von Florida entfernt.

Die Jäger werden zu Gejagten.

Das Jahr der Katastrophen

2017 fegen zehn Hurrikans über den Atlantik – sechs davon mit besonders großer Kraft

1
HURRIKAN »IRMA«
30. 8. bis 12. 9. 2017
maximale Windgeschwindigkeit:
290 km/h (Kategorie 5)

2
HURRIKAN »MARIA«
16. bis 30. 9. 2017
maximale Windgeschwindigkeit:
280 km/h (Kategorie 5)

3
HURRIKAN »JOSE«
5. bis 22. 9. 2017
maximale Windgeschwindigkeit:
250 km/h (Kategorie 4)

4
HURRIKAN »HARVEY«
17. 8. bis 1. 9. 2017
maximale Windgeschwindigkeit:
215 km/h (Kategorie 4)

5
HURRIKAN »OPHELIA«
9. bis 15. 10. 2017
maximale Windgeschwindigkeit:
185 km/h (Kategorie 3)

6
HURRIKAN »LEE«
15. bis 30. 9. 2017
maximale Windgeschwindigkeit:
185 km/h (Kategorie 3)

9. 9., Kuba. Irma zieht nun entlang der Nordküste der Karibikinsel. Zurück bleiben verwüstete Touristenorte und Zehntausende zerstörte Häuser. Die Hauptstadt Havanna wird von einer Sturmflut heimgesucht.

Dort rollen bis zu elf Meter hohe Wellen an und überfluten die Altstadt, das Wasser steht teilweise brusthoch. Marode Gebäude, die zusammenbrechen, sowie herunterfallende Balkonteile erschlagen mehrere Menschen.

Der Sturm hat auch zahlreiche Flamingos auf dem Eiland Cayo Coco getötet, ihre zerfledderten Kadaver hängen in umgestürzten Bäumen.

Der Kontakt mit der kubanischen Landmasse hat Irma aber geschwächt, sie fällt jetzt nur noch in die Kategorie 3.

In ganz Florida werden Sturmfluten und Sturzregen erwartet, auch mit Tornados und heftigen Gewittern muss gerechnet werden. Rund sechs Millionen Menschen auf der gesamten Halbinsel sind aufgefordert, ihre Häuser zu verlassen. Gouverneur Rick Scott ermahnt die Einwohner, den Anordnungen Folge zu leisten. „Warten Sie nicht. Sie müssen genau jetzt gehen!", sagt er auf einer Pressekonferenz am Morgen.

Viele haben sich bereits auf den Weg gemacht: Die Autobahnen nach Norden sind schon seit dem Tag zuvor verstopft, an den Tankstellen bilden sich lange Schlangen, und der Treibstoff wird knapp. Sturmgeschützte Notunterkünfte füllen sich rasch mit Menschen, die keine Möglichkeit sehen, nach Norden zu fliehen.

Jason Dunion, der Hurrikan-Jäger, erreicht am Samstagnachmittag einen der letzten Flüge von Orlando in seinen Heimatstaat Connecticut, ehe der Airport

AUF EINEN BLICK

Sturmsaison
Vor allem im Spätsommer, wenn der Atlantik warm ist, kann sich aufsteigender Wasserdampf zu Hurrikans formieren.

Klimawandel
Die Erderwärmung wird vermutlich zu einer Häufung starker Wirbelstürme führen: Höhere Wassertemperaturen liefern den Ungetümen mehr Energie.

Forschung
Indem Wissenschaftler direkt in das Innere von Hurrikans fliegen, vermögen sie mithilfe spezieller Messsonden deren Dynamik immer besser zu verstehen.

schließt. Einige seiner Kollegen leben in Miami und werden den Sturm daheim abwarten. Sie haben schon Tage zuvor ihre Häuser gesichert, sich Vorräte besorgt.

Selbst einige Tausend Bewohner der Florida Keys harren aus, obwohl die niedrig liegenden Inseln angesichts der zu erwartenden meterhohen Sturmflut besonders gefährdet sind.

Unter ihnen ist Tim McKee, ein Hausverwalter. Wenn er jetzt geht, muss er befürchten, dass er nach dem Sturm bis auf Weiteres nicht nach Hause kann.

Am Abend sind auf den Inseln andauernde Sturmwinde zu spüren. In der Nähe von Miami werden mehrere Tornados – kleinräumige Luftwirbel – gesichtet.

Totalschaden
Im Hafen von Palm Shores (Florida): Irma hat Boote gegen die Kaimauer gedrückt, sodass sie leckschlugen. Insgesamt verursachte der Hurrikan nach Schätzungen Schäden in Höhe von ungefähr 65 Milliarden US-Dollar

10. 9., Florida. Irma hat in den warmen Gewässern auf dem Weg von Kuba nach Florida neue Kraft getankt und wieder Kategorie 4 erreicht. Um 9.00 Uhr trifft ihr Zentrum auf Cudjoe Key, eine weit im Westen gelegene Insel, die zu den Lower Keys gehört.

Auch Tim McKees Eiland in den Middle Keys ist betroffen. Er kauert sich in sein Badezimmer, während draußen der Sturm kreischt. Das Wasser dringt ins Erdgeschoss des Betonbaus ein, steigt immer höher. McKee versucht, ein paar

Dinge zu retten, doch die Flut reißt immer mehr seiner Besitztümer mit sich. Stundenlang schwappt das Wasser durch seine Werkstatt.

Auch wenn das Auge des Hurrikans nun westlich an Florida vorbeizieht, bekommt die Metropole Miami im Südosten die Ausläufer zu spüren: Sie treiben eine Sturmflut genau in die vorgelagerte Biscayne Bay. Auch die Innenstadt steht unter Wasser. Straßen im Bankenviertel verwandeln sich in reißende Flüsse.

Im Verlauf des Tages schwächt sich Irma endlich ab. Als sie am Abend und in der Nacht über Zentralflorida hinwegzieht, ist sie nur noch ein Hurrikan der Stufe 1. Dennoch verbreitet sie weiterhin Unheil. Ihre sturzartigen Regenfälle lassen zahlreiche Flüsse über die Ufer treten.

Der Strom fällt aus, am Horizont zucken bläuliche Blitze. In Hotellobbys, wohin sich Gestrandete, einige mit ihren Haustieren, flüchten, breitet sich eine gespenstische Stimmung aus.

11. 9., Florida. Der Hurrikan ist abgezogen. Seit 8.00 Uhr morgens gilt Irma nur noch als tropischer Sturm, am Nachmittag zieht sie nach Norden in den Bundesstaat Georgia und schwächt sich weiter ab. Die allermeisten der zurückgebliebenen Menschen in Florida sind weitgehend wohlauf. Darunter auch Tim McKee.

Er hat sich den Fuß an einer Scherbe geschnitten und erzählt Reportern, wie es ihm ergangen ist. Es sei dumm gewesen, auf den Keys zu bleiben: „Wenn man sich verletzt, kann einem niemand helfen."

Der Meteorologe Eric Blake darf nach mehreren Tagen und Nächten Dienst im Hauptquartier des National Hurricane Center endlich wieder ins eigene Heim. Er ist erleichtert: Die Schäden an seinem Haus halten sich in Grenzen.

Zwar ist eine umgestürzte Palme auf sein Auto gefallen, aber es fährt noch. Der Sturm hat das Schloss seiner Haustür aus der Verankerung gerissen und einen Sensor seiner kleinen Wetterstation zerstört.

„Viel Glück gehabt", resümiert Blake in einem Tweet.

Für andere ist es nicht so glimpflich ausgegangen. Im gesamten Bundesstaat Florida sind offiziellen Angaben zufolge mehr als 80 Menschen ums Leben gekommen, nicht nur durch Wind und Fluten, sondern auch durch Stromschläge, Kohlenmonoxid-Vergiftungen und – in

Verlorene Paradiese

In der Karibik versehrt der Monster-Sturm Irma ganze Inseln

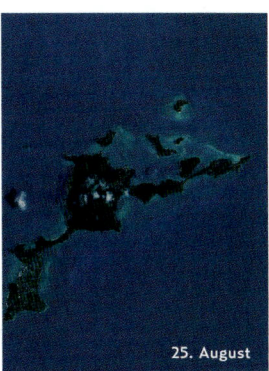

25. August

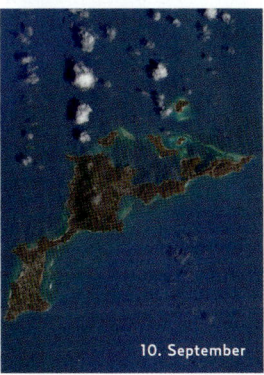

10. September

Satellitenbilder vor und nach dem Sturm offenbaren, dass der Hurrikan mancherorts die komplette Belaubung weggerissen hat: So erscheint das einst von üppigem Grün bedeckte Eiland Virgin Gorda (Britische Jungferninseln, oben) mit einem Mal schmutzig braun.

den Tagen nach Irma – durch Überhitzung wegen ausgefallener Klimaanlagen.

Auf den Florida Keys hat Irma zwei Drittel der Gebäude schwer beschädigt, viele Straßen unterspült, Brücken verformt, ganze Strände weggeschwemmt. Millionen Menschen in ganz Florida müssen tagelang ohne Strom und Wasser ausharren.

Dabei hätte es noch viel schlimmer kommen können: Dank günstiger meteorologischer Veränderungen am Vortag hat sich Irma rasch abgeschwächt, und dicht besiedelte Gebiete sind von ihrem Zentrum weitgehend verschont geblieben.

Die Gesamtbilanz des Wirbelsturms ist dennoch verheerend. Durch Überflutungen, extreme Regenfälle und außergewöhnlich starke Winde hat er auf seinem Weg des Schreckens mehr als 100 Todesfälle und geschätzte Schäden in Höhe von ungefähr 65 Milliarden Dollar verursacht. Er hat mehrere Karibikinseln, deren Haupteinnahmequelle der Tourismus war, völlig verwüstet. Millionen Menschen bleiben zum Teil monatelang ohne Strom, Zehntausende werden obdachlos.

Auf Barbuda, einem touristisch kaum erschlossenen Fleckchen Land, wird das Leben wohl nie wieder so sein wie zuvor. Alle 1800 Einwohner werden zwangsweise auf die größere Nachbarinsel Antigua gebracht, die Inselgemeinde droht zu zerfallen. Ohnehin ist für die Karibik der Schrecken nach Irmas Abzug noch nicht beendet. Wenige Tage später zieht Jose, ein Sturm der Kategorie 4, nur knapp an den Kleinen Antillen vorbei.

Am 18. September wird die Insel Dominica von Maria getroffen, einem weiteren Monster-Hurrikan der Kategorie 5. Sie legt den kleinen Inselstaat vollständig in Trümmer und richtet in der Folge massive Zerstörungen auf Puerto Rico an. **135**

Doch was ist der Grund für die beunruhigende Häufung von gewaltsamen Stürmen in dieser Saison und für Irmas einzigartige Kraft?

Die Wissenschaftler sind sich darin einig, dass es verschiedene Auslöser gibt. Doch ein entscheidender Faktor für die ungeheure Energie Irmas und ihrer Begleiter scheinen die enorm hohen Wassertemperaturen zu sein, die während des Spätsommers 2017 im tropischen Atlantik herrschen.

Denn je wärmer der Atlantik, desto mehr Energie kann er in Super-Hurrikans wie Irma und Maria einspeisen.

Daher blicken viele Meteorologen mit Sorge in die Zukunft: Ihren Prognosen nach wird die globale Erwärmung die Zahl der Hurrikans zwar vermutlich nicht ansteigen lassen. Aber die Wahrscheinlichkeit von Stürmen mit höchster Gewalt könnte durchaus zunehmen.

Möglicherweise, so lassen die Aufzeichnungen vermuten, ist Irma also gar keine Ausnahmeerscheinung.

Sondern die neue Normalität •

UTE KEHSE, JG. 1969, ist Wissenschaftsautorin in Delmenhorst.

INGENIEURE

TEXT: UTE EBERLE

Sie wollen die **Wolkendecke** verändern, die Chemie der Ozeane manipulieren oder

gar gigantische **Sonnensegel** im All installieren: Um das Klima zu retten, überlegen

Forscher, aktiv in das **System Erde** einzugreifen. Kann das gut gehen?

DES KLIMAS

Die beiden Schweizer Christoph Gebald (l.) und Jan Wurzbacher haben ein Verfahren entwickelt, das Kohlendioxid aus der Luft zu filtern vermag. Bis 2025, so die Vision der Maschinenbauer, könnten Anlagen mit dieser Technik etwa ein Prozent der weltweiten CO_2-Emissionen aus der Atmosphäre entfernen – und zur Begrenzung der Erderwärmung beitragen

Eingriffe ins Klima könnten die Erde retten – und zugleich Kriege auslösen

Es klingt nahezu unglaublich: Weil sich in der Atmosphäre immer mehr Klimagase sammeln, die verhindern, dass die Erde Wärme ans All abstrahlt, wird ihrem Klimasystem jede Sekunde so viel Hitze zugefügt, wie es der Energie von vier Hiroshima-Bomben entspricht. Das haben Wissenschaftler berechnet.

Folglich nimmt die globale Durchschnittstemperatur stetig zu. Um katastrophale Konsequenzen für Mensch und Umwelt zu verhindern, fordern Experten, die Erwärmung auf deutlich unter zwei Grad Celsius zu begrenzen.

Zur Erreichung dieses Ziels müsste die Menschheit ihren Verbrauch fossiler Energieträger – der Hauptquelle der Treibhausgase – binnen weniger Jahrzehnte fast auf null zurückfahren. Genau das scheint aber beinahe unmöglich. Wollte man etwa allein bei der Stromerzeugung alle Kohlekraftwerke der Erde ersetzen, müsste man 20 Jahre lang jede Woche ein neues Kernkraftwerk fertigstellen.

Selbst seriöse Forscher beginnen daher zu erwägen, ob der Mensch nicht aktiv ins Klimageschehen eingreifen sollte, um den Planeten zu schützen.

Ihre Ideen erinnern zuweilen an Szenarien aus Science-Fiction-Romanen.

So überlegen manche Wissenschaftler, die Wolkendecke der Erde zu verändern, um die Erwärmung zu stoppen.

Andere wollen die chemische Zusammensetzung der Ozeane verändern.

Und wieder andere denken darüber nach, einen gigantischen Sonnenschirm im Weltall aufzuspannen, der den Planeten beschattet.

Die Ideen der Klima-Ingenieure lassen sich in zwei große Kategorien einteilen: Die einen wollen Treibhausgase wie Kohlendioxid aus der Atmosphäre entfernen, um die Erwärmung unseres Planeten aufzuhalten.

Die anderen versuchen die Erde zu kühlen, um sie vor den schlimmsten Folgen des Klimawandels zu bewahren.

Aber ließe sich das wirklich bewerkstelligen? Was darf man sich von solchen Methoden erhoffen?

Und kann der Mensch überhaupt absehen, was er damit auslösen würde?

Die erste Idee, Klimagase aus der Luft zu entfernen, leuchtet zunächst ein. Müll, der das Meer verschmutzt, versucht man einzusammeln. Warum nicht auch Treibhausgase aus der Atmosphäre?

Ohnehin wird das Einsparen von Kohlendioxid-Emissionen allein nicht ausreichen, um die Erderwärmung im Laufe des 21. Jahrhunderts zu stoppen. Selbst wenn es gelänge, auf alle fossilen Brennstoffe zu verzichten, würde die Erdtemperatur in den nächsten Jahrzehnten weiter zunehmen. Zu viele Treibhausgase sind bereits in der Luft und heizen den Planeten auf.

Das wichtigste Treibhausgas, Kohlendioxid (CO_2), ist besonders langlebig. Ist es erst einmal in der Atmosphäre, wird es nur langsam, über Hunderte oder Tausende von Jahren durch natürliche Prozesse wieder gebunden.

Der einzige Weg, diesen Abbau zu beschleunigen, liegt in sogenannten „negativen Emissionen" – also Kohlendioxid einzusammeln, statt auszustoßen.

In der Praxis ist das allerdings schwierig. Obwohl die Atmosphäre heute 45 Prozent mehr Kohlendioxid enthält als Mitte des 18. Jahrhunderts, ist sein Anteil an der Luft mit 0,04 Prozent noch immer klein. Anders gesagt: Wären die Moleküle der Luft Reiskörner in einer Schüssel, wäre nur eines von 2500 ein CO_2-Korn.

Deshalb machen sich Ingenieure weltweit Gedanken darüber, wie sich diese vereinzelten Körner wieder aus der Luft holen lassen. So hat ein Forscher-

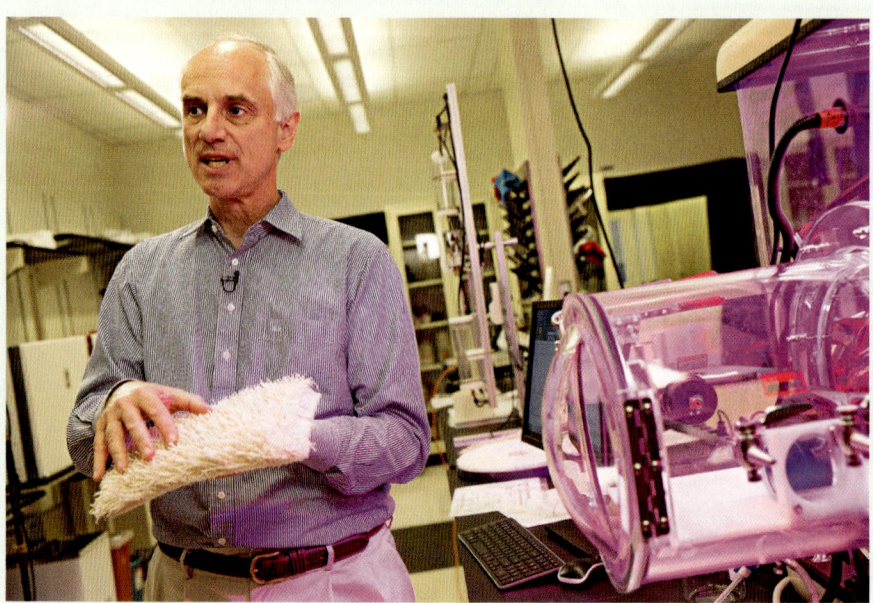

Im Center for Negative Carbon Emissions an der Arizona State University erforscht der deutsche Physiker Klaus Lackner ein Material, das Kohlendioxid viel effizienter zu binden vermag als jede Pflanze. Womöglich nutzen dereinst riesige Plantagen von künstlichen Bäumen die Technik und sammeln CO_2 aus der Luft

team der Arizona State University eine Art künstlichen Baum aus Materialien entwickelt, die CO_2 binden.

Und in der Schweiz ist 2017 eine Großanlage in Betrieb gegangen, die konzentriertes CO_2 aus der Luft herausfiltert und in ein Gewächshaus einspeist.

Doch derartige Anlagen befinden sich bislang zumeist noch im Teststadium. Außerdem ist die Herstellung teuer, und ihr Betrieb kostet Energie. Daher setzen viele Klima-Ingenieure lieber auf natürliche Prozesse, die sich weit eher in großem Stil verwirklichen ließen.

Populär ist etwa die Idee, Plantagen aus Bäumen oder anderen Gewächsen anzulegen. Denn Pflanzen wachsen, indem sie mithilfe des Sonnenlichts gasförmiges Kohlendioxid aus der Luft zur Bildung fester kohlenstoffhaltiger Verbindungen nutzen. Die dienen ihnen unter anderem als Baumaterial, Bäumen etwa zur Produktion von Holz (das zu rund 50 Prozent aus so gewonnenem Kohlenstoff besteht).

Sterben die Pflanzen später ab und verrotten ihre Überreste, wird der in ihnen gespeicherte Kohlenstoff wieder als CO_2 in die Atmosphäre abgegeben.

Doch das ließe sich ändern, indem man das Pflanzenmaterial erntet, in Kraftwerken verbrennt (wobei weitgehend klimaneutral Energie erzeugt würde) und das frei werdende Kohlendioxid von den Abgasen scheidet, um es in unterirdischen Kavernen einzulagern.

Entsprechende Techniken sind in der Entwicklung. Denn Ingenieure arbeiten bereits seit Langem daran, auch das Kohlendioxid, das bei der Verbrennung fossiler Energieträger entsteht, zu sammeln und unterirdisch zu speichern. Noch aber sind solche Verfahren nicht wirtschaftlich.

Ein weiteres Problem: Wollte man auf diese Weise so viel Kohlendioxid einfangen, wie zur Reduktion des Ausstoßes notwendig wäre, bedürfte es einer landwirtschaftlichen Fläche, haben Forscher berechnet, die so groß ist wie Indien.

U

Um dieses Problem zu umgehen, haben Wissenschaftler deshalb eine Alternative ersonnen: Statt Pflanzen an Land heranzuziehen, wollen sie die Meere düngen

In die Tiefe verbannt

Auf der Suche nach CO_2-Lagerstätten werden Forscher in verborgenen Erdschichten fündig

Bestimmte Sedimentgesteine können große Mengen Kohlendioxid aufnehmen

Weltweit arbeiten Forscher an Techniken, mit deren Hilfe sich klimaschädliches Kohlendioxid beispielsweise von Kraftwerken mit fossilen Brennstoffen einfangen und anschließend im Erdboden dauerhaft speichern lässt. Dazu soll das Gas etwa in tief liegende poröse Sandsteinschichten gepresst werden, wo es winzige Hohlräume ausfüllt. Kritiker befürchten jedoch, dass durch derartige Verfahren das Risiko von Erdbeben zunimmt – wodurch das eingelagerte CO_2 unkontrolliert in die Atmosphäre gelangen könnte.

und so winzige Algen züchten, die ebenfalls CO_2 aufnehmen, wenn sie wachsen.

Dieses Phytoplankton ist in vielen Meeresregionen vergleichsweise rar, weil dort ein wichtiger Nährstoff fehlt: Eisen. Würde man die Meere mit dem Metall anreichern, könnten mehr Mikroalgen wachsen. Am Lebensende, so die Idee, sinken sie auf den Grund des Ozeans und mit ihnen der gespeicherte Kohlenstoff.

Freilandversuche zur Eisendüngung im Ozean haben allerdings gezeigt, dass der Nährstoff zwar die Algen wuchern lässt, die aber später nicht unbedingt versinken. Vielmehr werden sie oft von anderen Lebewesen gefressen, sodass ein Großteil des Kohlenstoffs nahe der Meeresoberfläche verbleibt und irgendwann als CO_2 wieder in die Atmosphäre gelangt. Ob der Anteil, der am Ende tatsächlich in die Tiefe gelangt, trotzdem groß genug ist, um einen relevanten Effekt zu erzielen, wird derzeit erforscht.

Völlig unklar wäre zudem, wie sich die Düngung mit Eisen oder anderen Nährstoffen langfristig auf die marinen Ökosysteme auswirken würde.

Unstrittig ist dagegen, dass die Ozeane CO_2 auch direkt aufzunehmen **139** vermögen: Das Gas löst sich an der Meeresoberfläche im Wasser. Dabei entstehen Kohlensäure und andere Verbindungen, die den pH-Wert des leicht basischen Meerwassers senken – schon jetzt ist deshalb die Versauerung der oberen Schichten erheblich. Zwar ist die Aufnahmefähigkeit des Wassers natürlicherweise begrenzt. Jedoch ließe sie sich künstlich erhöhen, indem man den Meeren Minerale hinzufügt, die bei Kontakt mit Wasser das Kohlendioxid binden.

Um aber einen messbaren Effekt zu erzielen, müssten jährlich Millionen Tonnen an Mineralpartikeln herbeigeschafft und im Meer verteilt werden.

Zudem würde die Energie, die nötig wäre, um das Gestein aus dem Boden zu brechen, fein zu zermahlen und zu transportieren, erneut enorme Mengen an Treibhausgasen produzieren, die den gewünschten Effekt erheblich verkleinerten.

Alternativ oder ergänzend ließe sich zermahlenes Gestein in den Landschaften der Erde verteilen. Denn wie im Meer binden die Krümel auch im Boden über chemische Prozesse CO_2 aus der Luft.

Gleiches geschieht ständig bei der natürlichen Verwitterung von Fels – der normalerweise äußerst langsame Vorgang wird jedoch durch die Zerkleinerung des Materials massiv beschleunigt.

In jedem Fall müsste man aber gewissermaßen ganze Berge abtragen, um genug Mineralmehl für den Verwitterungsprozess zu gewinnen.

Und ganz gleich, auf welchem Weg Kohlendioxid gesammelt wird: Man müsste eine zweite, klimarettende Großindustrie aufbauen, um die Folgen der ersten, klimaschädigenden zu bekämpfen.

Viele Forscher wenden zudem ein, dass es keinesfalls sicher sei, ob selbst vielversprechend erscheinende Methoden wirklich so funktionieren, wie es sich die Klima-Ingenieure vorstellen. Dafür seien die Techniken noch zu unausgereift.

Dass sie auch nur annähernd so schnell so viel Kohlendioxid aus der Atmosphäre entnehmen werden, wie es manche Befürworter behaupten, halten

Kritiker deshalb für utopisch. Zudem fürchten sie Folgen für die Umwelt.

Vor allem aber sorgen sie sich darum, dass Regierungen, Unternehmen und Bürger dann ihre Bemühungen drosseln, Treibhausgase einzusparen.

Scheitern die neuen Techniken aber und kommen die negativen Emissionen nicht wie geplant zustande, könnte es irgendwann tatsächlich zu spät sein, um den Klimawandel noch zu stoppen.

D

Diese Argumente gelten auch für die zweite Idee der Klima-Ingenieure: nicht die Treibhausgase selber zu bekämpfen, sondern allein deren Folge – die globale Erwärmung.

In kleinem Maßstab geschieht dies bereits. In Peru etwa bestrichen Aktivisten auf fast 5000 Meter Höhe dunklen Fels mit weißer Farbe, um einen schon vor Jahren abgeschmolzenen Gletscher zurückzubringen. Denn eine weiße Fläche reflektiert die Sonnenstrahlung zu großen Teilen, anstatt sie zu absorbieren und sich aufzuheizen – was ein erneutes Wachsen des Gletschers verhindert.

In Los Angeles haben Arbeiter begonnen, Straßen mit einem hellen Belag zu überziehen, weil die Hitze in der Stadt lebensbedrohlich werden könnte.

Doch derartige Maßnahmen wirken nur sehr begrenzt auf engem Raum. Zwar sorgen sie dafür, dass lokal mehr Sonnenstrahlung zurück ins All geworfen wird, jedoch tragen sie nur verschwindend wenig dazu bei, den Planeten insgesamt vor weiterer Erwärmung zu bewahren.

Genau das aber ist das Ziel der Klima-Ingenieure.

Dazu muss man sich in Erinnerung rufen, dass das Klimasystem der Erde sich aufheizt, weil Treibhausgase wie Kohlendioxid oder Methan die Sonnenstrahlung fast ungehindert durchlassen, die von der Erde aufsteigende Wärmestrahlung aber in der Atmosphäre teilweise absorbieren. Sie kann dann nicht direkt ins All entweichen, sondern wird von den Gasteilchen in alle Richtungen abgestrahlt – auch zurück zur Erdoberfläche.

Nach einem ähnlichen Prinzip funktioniert die Glasscheibe in einem Gewächshaus: Sie lässt zwar das Sonnenlicht durch, das Pflanzen und Boden im Inneren aufheizt; doch die Wärme, die von den Objekten auf die eingeschlossene Luft im Gewächshaus übertragen wird, gelangt durch die Scheibe nicht wieder nach draußen. Die Folge: Das Gewächshaus erhitzt sich.

Wäre die Erde aber wirklich ein Treibhaus, ließe sich die Temperatur leicht regulieren. Wäre es zu warm, könnte man ein Fenster öffnen. Oder einen Sonnenschutz vor die Scheibe hängen.

Vergleichbares schlagen Klima-Ingenieure tatsächlich vor. Statt etwa ein Fenster aufzumachen, wollen sie Zirruswolken (siehe Seite 48) manipulieren. Dabei handelt es sich um dünne Schleier aus feinen Eiskristallen hoch am Himmel. Solche Zirren reflektieren wie alle Wolken teilweise das Sonnenlicht, aber meist

David Keith von der Harvard University schlägt vor, riesige Mengen Schwefelgase in die Atmosphäre zu bringen, die dort Aerosolpartikel bilden und so die Sonnenstrahlung dämpfen sollen – ein Effekt, wie er auch nach Vulkanausbrüchen auftritt

in geringerer Stärke, als sie umgekehrt Wärmestrahlung zur Erde zurückwerfen. Könnte man sie aufreißen, würde also mehr Energie entweichen – wie Hitze aus einem offenen Fenster.

Im Bearbeiten von Wolken hat der Mensch bereits Erfahrung. Viele Länder, darunter die USA und China, bearbeiten seit Langem Wolken, um Unwetter zu verhindern oder Niederschläge für die Landwirtschaft zu fördern. Dazu werden in großer Höhe Chemikalien versprüht, an deren Partikeln sich die Feuchtigkeit der Wolke sammeln und abregnen soll.

Auf die gleiche Art ließe sich möglicherweise in den Zirruswolken die Bildung größerer Eiskristalle fördern, sodass die Schleier dünner werden und sich schneller auflösen. Zu diesem Zweck erwägen Forscher, ungiftige chemische Verbindungen in der Höhe zu verstreuen oder in den Treibstoff von Linienflugzeugen zu geben, die in den betreffenden Himmelsregionen unterwegs sind.

Modellsimulationen kamen allerdings zu höchst unterschiedlichen Ergebnissen. Forscher warnen, dass über die Bildung der Eiskristalle noch zu wenig bekannt sei, um sie gezielt beeinflussen zu können – womöglich würden die Zirruswolken durch menschliche Eingriffe sogar zusätzlich wärmen.

N

Noch mehr Interesse erregt die Idee, dass Klima-Ingenieure gewissermaßen eine Jalousie vor die Sonne ziehen und so den Planeten vor ihrer Strahlung schützen.

Könnte der Mensch knapp zwei Prozent des Sonnenlichts abhalten, also etwa durch Objekte im All auffangen oder ablenken, würde dies vermutlich die gesamte Klimaerwärmung durch die Treibhausgase ausgleichen.

Natürlich wäre dafür ein enormer Sonnenschirm notwendig. Ein Astronom der University of Arizona hat kalkuliert, dass man 16 Billionen hauchdünne Scheiben von 60 Zentimeter Durchmesser zwischen Erde und Sonne positionieren müsste, um genug Strahlung abzufangen.

Um sie ins All zu befördern, müsste 25 Jahre lang alle 40 Sekunden ein 1000

Abgeschirmt

Möglicherweise schützt zukünftig ein gigantisches Sonnensegel im All die Erde vor zu viel Strahlung

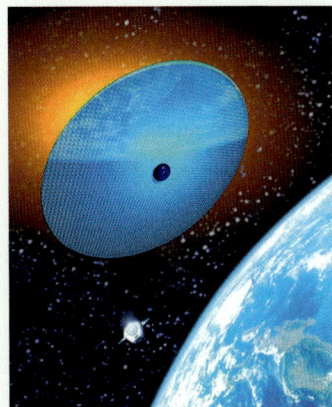

Eine riesige Konstruktion im All könnte die Erde beschatten und die Erwärmung stoppen

Die Idee klingt nach Science-Fiction: Einige Wissenschaftler verfolgen das Ziel, einen gigantischen Spiegel oder auch eine Art Jalousie aus vielen kleinen Scheibchen zwischen Sonne und Erde zu installieren, um so den Planeten zu kühlen. Berechnungen ergaben: Gelänge es, knapp zwei Prozent der Sonnenstrahlung abzuschirmen, könnte die derzeitige Erwärmung komplett gestoppt werden. Doch der dazu nötige Sonnenschirm wäre gigantisch: Einem Szenario zufolge müssten dafür 16 Billionen Scheiben von 60 Zentimeter Durchmesser ins All befördert und in Position gebracht werden.

Kilogramm schwerer Container mit je 800 000 Scheiben hinaufgeschossen werden – ein gigantisches, nach Meinung des Forschers jedoch keineswegs unmögliches Unterfangen.

Aber es gibt noch andere Ideen, wie sich die Erde beschatten ließe.

So könnte man Meerwasser über spezielle Vorrichtungen in derart feinen Tröpfchen in die Luft sprühen, dass diese vom Wind bis zu den Stratokumuluswolken hinaufgetragen werden, die relativ niedrig über großen Teilen der Ozeane liegen.

Dabei verdampft das Wasser und hinterlässt in den Wolken Salzkristalle, an denen wiederum Luftfeuchtigkeit kondensiert. So entstehen viele neue, kleine Tröpfchen in den Stratokumuli, die im Gegensatz zu den Zirruswolken kühlend wirken, weil sie die Strahlung der Sonne zu großen Teilen reflektieren. Zudem können kleinere Tröpfchen das Abregnen verzögern, sodass die Wolken länger bestehen bleiben.

Doch auch dieses Verfahren und ähnliche Methoden, die theoretisch ein großes Potenzial besitzen, sind noch weit von ihrer Realisierung entfernt.

Am häufigsten wird derzeit ein Ansatz diskutiert, der sich an Vulkanen orientiert und technisch relativ einfach und kostengünstig umzusetzen wäre.

Forscher haben beobachtet, dass sich die Erde nach großen Eruptionen für einige Zeit abkühlt. Als etwa 1991 der Pinatubo auf den Philippinen ausbrach, sank die Durchschnittstemperatur im folgenden Jahr um rund 0,5 Grad Celsius.

Denn der Vulkan schleuderte große Mengen an Schwefeldioxid in eine obere Schicht der Erdatmosphäre, die Stratosphäre. Dort entstand eine Art Schwefeldunst, der einen Teil der Sonnenstrahlung reflektierte.

Klima-Ingenieure wollen diesen Effekt nachstellen, indem sie – etwa mittels umgebauter Militärflugzeuge – schwefelhaltige Gase in der Stratosphäre verteilen, aus denen dort Sulfatpartikel entstehen.

Schon zehn Millionen Tonnen Schwefel könnten für genug Abkühlung sorgen, haben Forscher berechnet. Sie müssten allerdings jedes Jahr erneuert werden, weil die Partikel mit der Zeit langsam zu Boden sinken.

Aber weil diese Schwefelverbindungen in der Stratosphäre die Ozonschicht schädigen können, ziehen die Klima-Ingenieure andere Stoffe in Erwägung, etwa Aluminiumoxid oder sogar Diamantstaub.

Ein Team von Forschern veranschlagte, dass jährlich eine Million Jet-Flüge nötig wären, um genug Schwefel in die Stratosphäre zu bringen. Das wären gut 2700 pro Tag. Zum Vergleich: Allein im Passagierverkehr sind heute täglich rund 100 000 Flüge unterwegs.

Die Kosten würden wohl 100 Milliarden Dollar pro Jahr betragen – vielleicht auch erheblich weniger; ein relativ geringer Betrag im Vergleich zu den Kosten, die der Klimawandel verursacht und die allein in Deutschland bis 2050 auf knapp eine Billion Dollar geschätzt werden.

Im US-Bundesstaat Arizona wollen Forscher der Harvard University demnächst einen Freilandversuch mit einem Ballon in 20 Kilometer Höhe starten.

Doch selbst wenn derartige Tests erfolgreich verlaufen sollten und man entsprechende Verfahren anwenden könnte, würde die Schwefelbehandlung nicht gegen andere Folgen des Klimawandels helfen – etwa dagegen, dass die Meere versauern, weil sie immer mehr Kohlendioxid aus der Luft aufnehmen.

Und selbst wenn die beabsichtigte Kühlung gelänge, würde sie nicht das Klima wiederherstellen, wie es vor Beginn der Erwärmung war. Vielmehr würden Berechnungen zufolge weltweit die Niederschläge über den Landflächen zurückgehen, in manchen Regionen sogar dauerhafte Dürren drohen.

Der Grund: Weil sich Landmassen im Sommer stärker erwärmen als Ozeane, könnte ein „Sonnenfilter" in der Stratosphäre den normalerweise markanten Temperaturunterschied zwischen Kontinenten und Meer reduzieren.

Das würde die Winde schwächen, die feuchte Luft vom Ozean aufs Land wehen und oft lebenswichtige Regenfälle bringen – wie den Indischen Monsun, von dem der Ackerbau und die Versorgung von Millionen Menschen abhängt. Es könnte zu Hungersnöten kommen.

Weil das Klima ein hochkomplexes System ist, lassen sich die Folgen eines solchen Eingriffs nur schwer kalkulieren. Nachdem zum Beispiel 1815 der Vulkan Tambora im heutigen Indonesien ausgebrochen war, sank die Temperatur auf der Erde durch die Schwefelpartikel in

Die Wolkenaufheller

In Zukunft könnten autonome Schiffe Meerwasser zerstäuben und so die Wolken verändern

Um die Erde effektiv zu kühlen, müssten Hunderte Spezialboote unterwegs sein

Großflächige, tief hängende Wolken über den Ozeanen senken die globale Temperatur, da sie viel Sonnenstrahlung ins All zurückwerfen. Um die Erderwärmung zu verlangsamen, verfolgen manche Wissenschaftler daher das Ziel, die Zusammensetzung der Wolken auf künstlichem Wege zu beeinflussen. Eine Idee: Roboterschiffe könnten rund um die Uhr feine Meerwassertröpfchen in die Atmosphäre blasen. Der aufsteigende Nebel verdampft und hinterlässt Salzkristalle, an denen wiederum Luftfeuchtigkeit kondensieren kann. So sollen in den bereits vorhandenen Wolken besonders viele kleine Tröpfchen entstehen, die das Sonnenlicht noch besser reflektieren.

der Atmosphäre über Jahre merklich. In einzelnen Regionen aber war die Abkühlung besonders empfindlich zu spüren. So war es etwa an der Ostküste der USA noch im Sommer 1816 in manchen Gebieten so kalt, dass zum Trocknen ausgelegte Wäsche nachts gefror.

Computermodelle zeigen: Wie auch immer ein Partikelschleier zum Einsatz käme – die Veränderungen in Bezug auf Niederschlag und Temperatur wären niemals überall gleich.

Und sogar im optimalen Fall, dass alle Regionen der Erde von dem Eingriff profitierten, hätten manche gleichwohl einen größeren Nutzen als andere.

Wer aber würde entscheiden, wer zurückstecken muss? Und was würde geschehen, wenn ein Land eigenmächtig begänne, den Himmel zu behandeln, weil es sich davon Vorteile verspräche? Im schlimmsten Fall könnten Klimakriege ausbrechen, warnen Forscher.

G

Gar nichts zu tun ist aber auch keine Alternative. Modellrechnungen ergeben, dass ein ungebremstes Fortschreiten der Erwärmung wohl erst recht Dürren und Überflutungen auslösen würde.

Aus diesem Grund hat selbst der Weltklimarat mittlerweile begonnen, sich ernsthaft mit den Ideen der Klima-Ingenieure zu beschäftigen. Verfahren wie die Schwefelbehandlung der Stratosphäre könnten trotz der Risiken irgendwann nötig sein, um der Menschheit Zeit zu verschaffen, langfristige Lösungen für den Klimawandel zu finden.

Doch fängt der Mensch erst einmal damit an, die Erde künstlich zu kühlen, wird er vielleicht nie wieder damit aufhören können. Denn würde der Sonnenschutz plötzlich verschwinden, weil er nicht mehr erneuert wird, könnte die Temperatur auf der Erde binnen weniger Jahre so stark ansteigen wie beim bisherigen Klimawandel in Jahrzehnten oder Jahrhunderten. Das wäre vermutlich derart katastrophal, dass viele Ökosysteme vollständig kollabieren würden.

Klimaforscher haben schon einen Begriff für dieses Szenario ersonnen: *termination shock* – „End-Schock". ●

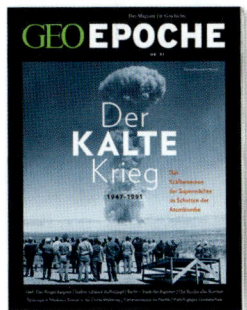

144

Wenn das WASSER
weiter STEIGT

Ein fortschreitender Anstieg des Meeresspiegels wird manche Küstenländer womöglich dazu zwingen, schwimmende Siedlungen zu errichten. Architekten zeigen schon heute in visionären Studien, wie solche Gebäudekomplexe aussehen könnten

Forscher haben berechnet, **was der Erde bevorsteht,** wenn es nicht gelingt, die derzeitige Erwärmung zu stoppen. Ihrem Szenario zufolge wird die **Welt im Jahr 2100** nur noch wenig mit derjenigen gemein haben, die wir heute kennen

TEXT: SEBASTIAN KRETZ

145

D

Dies ist eine Geschichte über die Welt im Jahr 2100.

Es ist eine – naturgemäß – fiktive Erzählung, die jedoch auf konkreten Vorhersagen beruht: zusammengetragen von mehr als 3500 Wissenschaftlern, die im Auftrag der Vereinten Nationen berechnet haben, was der Erde bevorsteht, wenn die Menschheit nichts gegen die derzeitige Klimaerwärmung unternimmt.

Das Szenario, RCP8.5 genannt, ist das extremste von vier Rechenmodellen, welche die Forscher in ihrem jüngsten, mehrere Tausend Seiten starken Bericht aus dem Jahr 2014 skizziert haben. Er enthält gewissermaßen das gesammelte Wissen der Menschheit über den Klimawandel.

Sollte es gelingen, den Ausstoß an Kohlendioxid (CO_2) deutlich zu senken, ergeben die Berechnungen weniger drastische Auswirkungen. Gehen die schädlichen Emissionen dagegen nicht zurück, erwarten die Experten, dass sich die Erde schlimmstenfalls in den kommenden 80 Jahren durchschnittlich um knapp fünf Grad Celsius aufheizt.

Das mag zunächst wenig dramatisch klingen, tatsächlich bedeutete es eine radikale Wende in der Geschichte des Planeten:

Seit Menschen Städte bauen, Staaten errichten, hat sich das Klima nie innerhalb einer so kurzen Zeit derart empfindlich verändert.

Dabei sind fünf Grad Celsius nur ein Mittelwert. Mancherorts wären die Anstiege weit drastischer, anderswo weniger heftig. Und: Das Klima ist ein überaus vielschichtiges Phänomen – mit der Folge, dass sich etwa die Luft an Land aufgrund komplexer Wechselwirkungen in der Atmosphäre stärker erwärmt als über dem Meer. In einigen Regionen würden die Temperaturen im Winter am stärksten ansteigen, in anderen während des Sommers.

Und so kommt es, dass die Welt laut RCP8.5 im Jahr 2100 nur noch wenig mit derjenigen gemein hat, die wir heute kennen. Es ist eine Welt, in der sich Menschen zum Beispiel in Kuwait-Stadt von Juli bis September tagsüber bei bis zu 60 Grad Celsius nicht mehr im Freien aufhalten können, in der sich ganze Regenwälder in Savannen verwandelt haben könnten und in der Deutschland in einer gänzlich neu benannten Klimazone liegt.

Einiges, was die Erde und die auf ihr lebenden Spezies erwartet, ist heute schon in kleinerem Ausmaß sichtbar, etwa das zunehmende Abschmelzen von Polareis und von Gletschern. Anderes hat es in dieser Form bislang nicht gegeben – beispielsweise, dass hierzulande völlig neue Getreidearten gedeihen.

Mit welchen Anpassungsmaßnahmen die jeweiligen Gesellschaften auf derartige Folgen der Erwärmung reagieren werden, lässt sich nicht mit Sicherheit vorhersagen. Aber klar ist: Staaten, die heute arm sind, werden unter dem Klimawandel besonders leiden. Sie verfügen oft weder über die geeignete Infrastruktur – Küstenschutz, Kanalisation, Katastrophenschutzpläne – noch über die Mittel, um eine solche Infrastruktur zu errichten.

Die Ärmsten würden auch als Erste spüren, wenn sich, etwa aufgrund von Wetterextremen, Nahrungsmittel verknappen, so in Bangladesch oder in verschiedenen Regionen Afrikas. Doch auch die reichen Industriestaaten stehen vor immensen Herausforderungen.

n

Nirgendwo aber wird, so geht aus dem Bericht der Forscher hervor, die Erwärmung aufgrund komplexer Phänomene so heftig ausfallen wie in der Arktis. Im nördlichen Polarkreis wird die Temperatur bis zum Ende des Jahrhunderts um mehr als elf Grad Celsius ansteigen.

Die Besatzung eines Frachters, der im September 2100 eine der Schifffahrtsrouten zwischen den USA, Kanada, Russland und Asien wählt, trifft – anders als noch im frühen 21. Jahrhundert – auf kein Eis. Und im Laufe des 22. Jahrhun-

derts werden die nördlichen Wasserwege womöglich auch in den Wintermonaten schiffbar sein.

Auf das Leben der Eskimos wird sich dieses Schwinden des polaren Eises besonders dramatisch auswirken. Robben und andere Jagdtiere sind im Jahr 2100 verschwunden, einst zuverlässige Routen über gefrorene Flüsse und Seen existieren längst nicht mehr. Daher mussten viele an das Leben im Eis perfekt angepasste Volksgruppen schon vor Jahren ihre ursprüngliche Lebensweise einschränken oder gar aufgeben. Viele haben die Küsten verlassen, die jahrtausendelang ihre Heimat gewesen waren.

Bei anderen Bewohnern des Polarkreises, etwa im Norden Sibiriens hat die anfängliche Freude über erträglichere Temperaturen nachgelassen: Viele ihrer Siedlungen sind auf Grund errichtet, der seit Menschengedenken metertief gefroren war. Doch inzwischen sind vier Fünftel dieses scheinbar steinharten Permafrostbodens aufgetaut; Gebäude sinken im Morast ein, Pipelines bersten, aufgeweichte Böschungen bröckeln.

Allein die Wassermassen, die von dem Eispanzer über Grönland abgeschmolzen sind, haben den Wasserspiegel aller Meere im Mittel um gut 60 Zentimeter angehoben, in manchen Regionen sogar um mehr als 80 Zentimeter.

Gerade den Menschen in armen Staaten wie Bangladesch wird es – anders als etwa den Niederländern – vermutlich nicht

Unterseeische Experimente
In einer Welt, in der es immer mehr auf dem Wasser treibende Kolonien gibt, könnte diese Forschungsstation Wirklichkeit werden. Die trichterförmige Struktur soll dazu dienen, maritimes Leben zu ergründen

Energie für die Zukunft
Im Herzen dieser sternförmigen Anlage ist ein Wasserstoffkraftwerk geplant;
die Ausleger bieten genug Platz für Wohn- und Arbeitsstätten. Überschwemmungen
und Fluten müssten die Bewohner nicht fürchten

rechtzeitig gelingen, ihr Land mit Deichen zu schützen. Zumal besonders an tropische Küsten immer heftigere Fluten branden: Die Wirbelstürme, die die Wellen aufpeitschen, entwickeln umso mehr Kraft, je wärmer der Ozean ist, über dem sie entstehen.

Wegen des erhöhten Meeresspiegels dringt das Wasser viel tiefer ins Hinterland ein als 100 Jahre zuvor. Aus der dicht besiedelten Region um die Mündung des Flusses Karnaphuli in Bangladesch fliehen daher immer mehr Menschen in Richtung höher gelegener Gebiete.

Besonders dramatisch trifft es manche Inselstaaten: Immer verheerendere Sturmfluten haben etwa das einstige Urlaubsparadies der Malediven schon vor Jahrzehnten in eine lebensbedrohliche Falle verwandelt. Im Jahr 2100 siedeln die mehreren Hunderttausend Einwohner auf benachbarten, weitgehend aufgeschütteten Inseln.

So trostlos das Leben auf künstlichem Land wirken mag: Immerhin haben die Malediver ihre Heimat nicht ganz verlassen. Einige Inselstaaten im Pazifik aber mussten ihr Land aufgeben und nach Australien oder Amerika umsiedeln: Die flachsten Eilande von Palau sowie die Marshallinseln sind bereits vollständig im Pazifik versunken.

Drastisch verschlechtert haben sich auch die Lebensbedingungen in vielen Küstenstädten. Es ist zwar davon auszugehen, dass Orte wie Daressalam, die größte Stadt Tansanias,

Selbst dem **reichen New York** wird es wohl nicht gelingen, seine **Küstenlinie** zu schützen

versuchen werden, Deiche und Buhnen zu errichten, das Abwassersystem zu verbessern, Menschen und Unternehmen umzusiedeln, um die Millionenstadt gegen die wachsenden Naturgewalten zu wappnen.

Doch fehlt oftmals das Geld; und so werden wohl die immer heftigeren Zyklone, die der Indische Ozean westwärts schickt, ungebremst auf die Küstenviertel der ostafrikanischen Stadt treffen; häufig verwandeln sich die Straßen von Daressalam für Wochen in schlammige Flüsse, läuft die Kanalisation über. Ähnlich sieht es mutmaßlich in Großstädten wie Mumbai oder Manila aus.

Reiche Metropolen wie New York dagegen haben sich rechtzeitig vorbereiten können. So wird ein großer Teil Manhattans längst von einer mehrere Milliarden US-Dollar teuren, drei Meter hohen, stahl- und betonverstärkten Böschungsmauer umrundet.

Selbst New York City aber wird es bis zum Jahr 2100 wahrscheinlich nicht gelingen sein, seine rund 865 Kilometer lange Küstenlinie vollständig zu schützen. Der Wasserspiegel des Atlantiks ist vor der Stadt aufgrund von Winden, Strömungen und ihrer exponierten Lage noch um einige Zentimeter höher gestiegen als überall sonst auf der Welt.

In den Herbst- und Wintermonaten drängen Schneestürme die Meeresfluten zuweilen so heftig gegen die weniger gut befestigten Küstenabschnitte, dass dort die U-Bahn-Schächte volllaufen. Während der immer häufigeren sommerlichen Dürren wiederum streitet die Metropole zudem regelmäßig mit anderen Orten an der Ostküste um die Verteilung des Wassers aus gemeinsamen Quellen.

Weiter im Süden, etwa in Florida und Louisiana, sind die Hurrikans so verheerend geworden, dass der vermeintliche Jahrhundertsturm „Katrina" von 2005 in der Rangliste der heftigsten Unwetter nicht einmal mehr auftaucht. In den meisten Jahren toben gleich mehrere Wirbelstürme, versehren Landstriche bis tief ins Binnenland.

Eine der vielleicht gewaltigsten Umwälzungen aber hat der Amazonas-Regenwald erfahren: In der ersten Hälfte des 21. Jahrhunderts ist dort immer weniger Regen gefallen, die Temperatur stieg stetig an. Bis es zu einem fatalen Kipp-Punkt kam: Der einst üppige Urwald trocknete rasant aus. Millionen Bäume starben ab. Dort, wo einst schier undurchdringbares Dickicht wucherte, lichtete sich das Grün, weitläufige Grasflächen entstanden.

Und so hat sich der Urwald im Jahr 2100 an vielen Stellen in eine Savanne verwandelt. Der Lebensraum Tausender Tier- und Pflanzenarten, darunter Faultiere und Brüllaffen, ist zerstört. Zahlreiche indigene Völker haben ihre Heimat verloren.

Vom Ozean ins All
Während die Lebensbedingungen an Land in Zukunft vielerorts immer schlechter werden, könnten auf dem Wasser womöglich sogar, wie hier, Stationen für Raketen existieren

Mehr noch: Die weiter andauernde Verwandlung der Amazonasregion wird auch das Weltklima des anbrechenden 22. Jahrhunderts drastisch beeinflussen. Denn der riesige Regenwald hat früher Kohlendioxid in Form von pflanzlicher Biomasse gebunden – nun strömen gigantische Mengen des Treibhausgases in die Atmosphäre und erwärmen sie noch weiter.

An den Küsten des Mittelmeers ist das einst so lebensfreundliche Klima einer aggressiven, wüstenähnlichen Witterung gewichen. In den Sommermonaten wird es vielerorts so heiß, dass selbst der Sprung ins Wasser keine Abkühlung bringt. Die Hoteltürme im spanischen Benidorm etwa, das in früheren Sommern Millionen Urlauber beherbergte, stehen seit Jahrzehnten leer. Der Ort, einmal Inbegriff des Massentourismus, ist auf ein Zehntel seiner ehemaligen Einwohnerzahl geschrumpft.

Auch an vielen Küsten Italiens, Griechenlands und der Türkei ist der Tourismus zusammengebrochen. Die Staaten am Mittelmeer werden immer häufiger von Dürren und Waldbränden heimgesucht (so auch Kalifornien, Teile Mexikos und Südafrikas).

In Deutschland und anderen Staaten mittlerer Breite hatten viele Menschen noch zu Beginn des 21. Jahrhunderts gehofft, sie würden von dem Klimawandel profitieren: Das verregnet graue Mitteleuropa, so ihre Annahme, werde sich in eine Art nördliche Toskana verwandeln.

Aber die Erderwärmung hat nicht einfach die bisherigen Klimazonen verschoben – das ist allein schon deshalb unmöglich, weil Tageslänge und Sonnenstand gleich geblieben sind. Vielmehr sind völlig neue Klimazonen entstanden. In den letzten Jahren des 21. Jahrhunderts sind die Forscher daher dazu übergegangen, Mitteleuropa und vergleichbare Regionen nicht mehr als „gemäßigte Zone" zu bezeichnen, sondern eher als „sommerheißen Unwettergürtel" zu beschreiben.

Während der jährlich mehrfach auftretenden Hitzewellen steigt das Thermo-

148

Schwimmende Kommune
Beliebig erweiterbar wäre dieses Projekt, das in Modulbauweise ganz unterschiedliche Wohn- und Arbeitskomplexe beherbergen könnte. Den Architekten schwebt vor, dass die Schwimminsel zudem hilft, Plastikmüll aus den Ozeanen zu fischen

meter selbst auf Norderney oder Rügen auf über 40 Grad Celsius. An der flachen deutschen Nordseeküste, die wegen ihrer Lage stark den Gezeiten und der Sturmflutgefahr ausgesetzt ist, sind – zusätzlich zum gestiegenen Meeresspiegel – sommerliche Orkane häufiger und heftiger geworden. An vielen Stellen mussten die Deiche massiv erhöht werden.

Im Brackwasser der Ostsee ist dagegen wegen der Niederschläge der Salzgehalt so stark gesunken, dass Dorsch und Hering vom Aussterben bedroht sind. Die Oberflächentemperatur ist hier um vier Grad Celsius gestiegen, immer häufiger vermehren sich Bakterien in der warmen See so massenhaft, dass es zu Badeverboten kommt, denn die Kleinstlebewesen sondern Giftstoffe ab.

Weil die Alpengletscher fast verschwunden sind und immer weniger Schnee fällt, hat sich der Jahresrhythmus von Rhein, Donau und ihren oberen Zuflüssen verändert: Statt zur Schneeschmelze, steigen ihre Pegel nun unmittelbar nach starken Niederschlägen an. Immer ergiebiger sind die Regenfälle, immer häufiger treten die Ströme über ihre Ufer.

Um die immensen Flutschäden einzudämmen, ist man seit Mitte des 21. Jahrhunderts dazu übergegangen, Bauern entlang der Ufer zu enteignen: Ihre Felder dienen als Überschwemmungsflächen. Städte wie Köln, Düsseldorf, Passau haben Milliarden für Dämme und Flutmauern ausgegeben.

Im Osten Deutschlands, der nicht unter dem mildernden Einfluss des Atlantiks steht, häufen sich seit Jahrzehnten sommerliche Dürren. Mehrfach in Folge sind Feldfrüchte verdorrt, auch in anderen Staaten ist die Ernte verfallen, die Getreidepreise enorm gestiegen.

Wegen der milderen Temperaturen und weil der höhere Kohlendioxidgehalt der Luft wie eine Art Dünger wirkt, bringt etwa Winterweizen deutlich höhere Erträge. Immer mehr Landwirte bauen hierzulande inzwischen auch wärmebedürftige Arten wie Sojabohnen oder Hartweizen an. Andererseits keltern Winzer nun selbst an den Hängen des Harzes genießbaren Rotwein, auch Oliven- oder Mandelhaine sind immer häufiger zu sehen.

Gerade in den mit Beton und Asphalt versiegelten Städten haben Menschen mit den hohen Temperaturen am meisten zu kämpfen. Da tödliche Hitzschläge keine Seltenheit mehr sind, verpflichten Behörden Hausbesitzer dazu, Fassaden weiß zu streichen, Dächer zu begrünen und Kühlsysteme einzurichten. Die Verwaltungen der Städte wiederum lassen nur noch hellgrauen, Licht reflektierenden Asphalt verbauen, um zu verhindern, dass sich die Verkehrswege übermäßig aufheizen.

Winterwetter gibt es in Deutschland nicht mehr. Schnee liegt über Weihnachten nur noch im Hochgebirge, Gewässer außerhalb der Gebirge frieren schon seit Jahrzehnten nicht mehr zu. Stattdessen regnet es im Winter immer häufiger und immer stärker.

Dank der gestiegenen Temperaturen erfrieren kaum noch Menschen, auch die Heizkosten sind gesunken.

Und die Klimaerwärmung wird im 22. Jahrhundert weiter voranschreiten. Denn einige Vorgänge wie die Erwärmung der Tiefsee laufen zeitverzögert ab. Sie werden selbst dann noch anhalten, wenn keine Klimagase mehr in die Atmosphäre entlassen werden, die letzten Kohle- und Erdgasreserven verbraucht sind, der CO_2-Ausstoß der Menschheit also zwangsläufig sinkt.

Andere Folgen treten erst ein, wenn ein bestimmter Punkt überschritten ist: Die Golfstromzirkulation etwa, jene gewaltige Meeresströmung im Nordatlantik, die Europa mildes und moderates Klima garantiert, beruht auf einem komplexen Zusammenspiel unterschiedlich dichter Wassermassen.

Wenn die Temperatur des Ozeans steigt und zudem Süßwasser vom grönländischen Eispanzer zufließt, wird dieses Gleichgewicht gestört. Schon zu Anfang des 21. Jahrhunderts hat das Golfstromsystem 15 Prozent seiner Kraft verloren, bis zum Jahr 2100 wird es sich weiter abschwächen.

Zwar würden nach Einschätzung der Experten die unangenehmen Folgen der zurückliegenden

Grünes Refugium
Sollten für den Tourismus wichtige Inseln einst im Meer versinken, könnten lokale Behörden versuchen, Urlauber mit schwimmenden Hotelkomplexen zu locken

Erwärmung bleiben – der gestiegene Meeresspiegel, die Unwetter, die Regengüsse, das völlig veränderte Weltklima. Doch die Thermometer würden dann wohl wieder ähnlich kühle Werte wie im 20. Jahrhundert zeigen.

Nicht ausgeschlossen ist, dass das Golfstromsystem – jener Wärmemotor der hiesigen Breiten – irgendwann ganz kollabiert. Die Folgen sind schwer abzuschätzen, doch möglicherweise würde sich dann die Wärme des Meeres im tropischen Atlantik stauen, weil sie nicht mehr nach Norden abgeführt wird. In jenen Regionen würden die Temperaturen noch deutlich steigen – hierzulande dagegen würde es wohl merklich kühler.

Und die Menschen in Mitteleuropa müssten sich wieder einmal in einer neuen Klimazone einrichten ●

SEBASTIAN KRETZ, JG. 1982, ist Journalist in Berlin.

GEO WISSEN GESUNDHEIT

DIE FITNESS-FORMEL

Neue Erkenntnisse über das beste Training

Ob im Kajak, am Fels oder auf dem Pferd: Was fasziniert ambitionierte Freizeitathleten an ihrer Sportart?

Alles Wissenswerte über die Möglichkeiten, seine Fitness gezielt zu verbessern, enthält die aktuelle Ausgabe von GEO WISSEN GESUNDHEIT. So empfehlen Experten seit einiger Zeit das anstrengende High Intensity Training, das ideal ist, um Muskeln aufzubauen und die Ausdauerfähigkeit zu verbessern. Aber wie funktioniert es und was bringt es wirklich?

Ein Gesundheitsexperte erklärt, wie sich die Voraussetzungen für sportliche Betätigung im Laufe der Jahre verändern – und was man ab 50 tun kann, um dem natürlichen Abbau der Leistungsfähigkeit entgegenzuwirken. Für alle Altersstufen gilt: Ausreichende Regeneration ist wichtig. Daher werden zehn unterschiedliche Yogastile vorgestellt, geeignet als Ausgleich für Sportler verschiedenster Disziplinen.

GEO WISSEN GESUNDHEIT »Die Fitness-Formel« hat 188 Seiten und kostet 11,50 Euro, mit DVD (»Funktionelles Training«) 16,50 Euro. Weitere Themen: Die richtige Ernährung für Sportler • Motivation – So gelingen gute Vorsätze • Dossier: Die besten Sportarten

GEO EPOCHE

DER KALTE KRIEG

Kampf der Supermächte 1947–1991

Symbol des Systemkampfes: 1961 zementiert die DDR die Teilung Berlins mit dem Bau einer Mauer

Der Kalte Krieg ist ein Konflikt voller Paradoxien. Zu keiner Zeit greifen seine Hauptkontrahenten einander offen an – und doch fallen ihm Millionen Menschen zum Opfer. Seine wichtigsten Waffen sind Atombomben, deren Existenz die Menschheit bedroht – und die zugleich die totale Eskalation verhindern. Das Ringen zwischen dem freiheitlich-kapitalistischen Westen und der kommunistischen Sowjetunion beginnt nach 1945, als sich die im Krieg gegen Hitler-Deutschland verbündeten Supermächte USA und UdSSR entzweien.

Mehr als 40 Jahre lang kämpfen sie um die globale Vorherrschaft: Ihre Konfrontation spaltet die Welt in waffenstarrende Blöcke, löst einen aberwitzigen Rüstungswettlauf aus, entfacht Stellvertreterkriege – und endet schließlich erstaunlich friedlich.

GEOEPOCHE »Der Kalte Krieg« hat 180 Seiten und kostet 12 Euro, mit DVD (»Im Schatten der Bombe«) 18,50 Euro. Weitere Themen: Stalins nukleare Aufholjagd • Der Koreakrieg • Joseph McCarthy und die »Rote Angst« • Berlin – Stadt der Agenten